Schatztruhe des Glaubens

GEORGE MUELLER

Durch Gebet zum Sieg

Alltagserfahrungen mit Gott

VERLAG SCHULTE + GERTH ASSLAR

Die amerikanische Originalausgabe erschien im Verlag
Moody-Press, Chicago

Aus dem Amerikanischen von Michael Becker

Best.-Nr. 15 655
ISBN 3-87739-655-0
1. Auflage 1982
2. Auflage 1983
3. Auflage 1985
Umschlaggestaltung: Gisela Scheer
Satz: Typostudio Rücker & Schmidt, Langgöns-Niederkleen
Druck und Verarbeitung: Elsnerdruck, Berlin
Printed in Germany

INHALT

DIE ANFÄNGE DES WAISEN-WERKES

„..., damit die Bewährung eures Glaubens köstlicher erfunden werde als Gold, das vergeht, aber durch Feuer bewährt wird, zu Lob und Preis und Ehre beim Offenbarwerden Jesu Christi" (1. Petrus 1, 7).

George Mueller ist der Gründer der „Neuen Waisen-Häuser" in Ashley Down, Bristol, die über lange Jahre hinweg zu den wohl großartigsten Zeugnissen dafür gehörten, daß Gott auch heute noch Gebete erhört und wie er handelt. Für die Errichtung dieser Waisen-Häuser nennt Mueller selbst folgende Gründe:

„Oftmals traf ich Menschen, die angesichts ihres fortschreitenden Alters in mancherlei Versuchung gerieten: von der Angst gequält, nicht mehr arbeiten zu können und ins Armenhaus gehen zu müssen, begannen sie an Gott und seinen Verheißungen zu zweifeln. Wenn ich dann diesen Menschen aufzuzeigen versuchte, wie ihr himmlischer Vater denen immer geholfen hat, die ihr Vertrauen ganz auf ihn setzten, so behaupteten sie vielleicht nicht gerade, daß die Zeiten sich geändert hätten, aber es wurde immer wieder deutlich, daß sie Gott nicht als den lebendigen Gott ansahen und damit auch nicht mit seinem Handeln rechneten. Oft schon wurde mein Geist durch diese Haltung betrübt, und ich sehnte mich danach, ihnen etwas vor Augen führen zu können, an dem sie erkennen könnten, wie Gott auch heute noch handelt und die nicht im Stich läßt, die sich auf ihn verlassen.

Dann sah ich oft auch Menschen, die im Geschäftsleben standen und ihre eigene Seele betrübten und Schuld auf sich luden, weil ihr Geschäftsgebaren dem anderer, nicht bekehrter Menschen gleichkam. Meist gaben sie vernünftige Gründe für ihr Verhalten an – die große Konkurrenz, die schlechten Zeiten usw. Und sie sagten, man könne keinen Erfolg im Geschäftsleben erwarten, wenn man sich ausschließlich nach dem Wort Gottes richte. Oft äußerten sie zwar den Wunsch, ihr Verhalten zu ändern, doch nur sehr selten habe ich gesehen, daß jemand sich ausschließlich auf Gott verließ und so ein reines Gewissen bewahrte.

Eine dritte Gruppe von Menschen waren solche, die in Berufen standen, die sie nicht guten Gewissens weiter ausüben konnten, oder die Stellungen innehatten, die den biblischen Vorschriften entgegenstanden. Aus Angst, keine neue Anstellung zu finden, wollten sie ihre Arbeit, bei der sie Gott untreu sein mußten, nicht aufgeben. Ich wünschte mir sehr, zur Stärkung des Glaubens all dieser Menschen beitragen zu können, nicht nur indem ich ihnen von Beispielen aus der Bibel berichtete, sondern indem ich ihnen einen handfesten Beweis dafür zeigte, wie Gott heute noch handelt.

Sicherlich war mir bewußt, daß das Wort allein genügt, und es war auch, dank seiner Gnade, genug für mich. Aber dennoch dachte ich, es wäre meinen Brüdern eine große Hilfe, einen sichtbaren Beweis der Gegenwart Gottes zu geben. Auch für mich war es einmal ein großer Segen gewesen zu sehen, wie Gott an seinem Diener A. H. Fanke gehandelt hatte, der allein im Vertrauen auf Gottes segensreiches Handeln ein Waisenhaus gegründet hatte, das ich viele Male mit eigenen Augen gesehen habe. Außerdem hielt ich mich für verpflichtet, der Gemeinde Gottes mit der besonderen Gabe zu dienen, die ich durch sein Erbarmen erhalten hatte: nämlich Gott bei seinem Wort nehmen zu können und auf ihn allein zu vertrauen. All diese Gedanken, die aus dem Umstand entsprangen, daß so viele Gläubige, die ich kennenlernte, beunruhigt und gequält waren oder Schuld auf ihr Gewissen luden, weil sie dem Herrn nicht vertrauten – all diese Gedanken wurden von Gott benutzt, in meinem Herzen den Wunsch zu wecken, seiner Gemeinde und der Welt zu zeigen, daß er sich nicht im geringsten geändert hat. Am besten schien mir dies durch die Gründung eines Waisenhauses möglich zu sein. Wenn ich als armer Mann, nur durch Gebet und Glauben, ohne einen Menschen direkt um Unterstützung zu bitten, die Mittel erhielte, ein Waisenhaus zu gründen und zu unterhalten, dann wäre das etwas, was, mit dem Segen Gottes, helfen könnte, den Glauben der Christen zu stärken. Gleichzeitig wäre es für die Unbekehrten ein Zeichen für die Gegenwart Gottes.

Dies war der wichtigste Grund für die Gründung der 'Neuen Waisen-Häuser'. Natürlich wünschte ich mir auch, von Gott dazu benutzt zu werden, den armen Kindern, denen die Eltern geraubt waren, zu helfen. Nicht nur in körperlicher Hinsicht sollte ihnen geholfen werden, sie sollten auch eine Erziehung erhalten, die es ihnen erleichterte, ihr Leben völlig an Gott zu übergeben. Das erste und wichtigste Ziel des Werkes aber war und ist es: Gott zu verherrlichen durch die Tatsache, daß die Waisen, die sich in meiner Obhut befinden, alles erhalten, was sie benötigen und zwar nur durch Gebet und Glauben, ohne daß jemand von mir oder meinen Mitarbeitern direkt um Hilfe gebeten wird. Hieran kann jedermann erkennen, daß Gott noch immer treu ist und noch immer Gebete erhört.

Daß ich mich nicht getäuscht habe, ist seit November 1835 im Überfluß bewiesen worden: zum ersten durch die Bekehrung vieler Sünder, die die Berichte, die im Zusammenhang mit dem Werk erschienen sind, gelesen haben, und zum zweiten durch das überfließende Maß an Frucht und Freude, das in den Herzen der Heiligen gewachsen ist. Dafür bin ich Gott von ganzem Herzen dankbar, denn ihm allein gebührt die Ehre und der Ruhm."

Gott schenkt Gewißheit

Unter dem Datum vom 16. Januar 1836 schreibt Mueller folgenden Bericht über die Entstehung des ersten Waisenhauses:

„Als in letzter Zeit die Gedanken, ein Waisenhaus ganz in der Abhängigkeit von Gott zu errichten, mich immer mehr beschäftigten, bat ich den Herrn, mir ein erkennbares Zeichen seiner Zustimmung zu geben, wenn die geplante Arbeit seinem Willen entspräche. Wenn es aber nicht sein Wille wäre, so bat ich ihn, alle Gedanken daran aus meinem Sinn zu nehmen. Meine Unsicherheit, Gottes Willen zu erkennen, entsprang nicht der Frage, ob es überhaupt gut wäre, ein solches Haus zu errichten, sondern vielmehr der Frage, ob ich derjenige sei, der dieses Projekt in Angriff nehmen soll – zumal ich auch so schon mehr als genug zu tun hatte. Ich war aber gewiß, und das war auch mein Trost, nicht nur finanzielle Mittel, sondern auch genügend Mitarbeiter zur Verfügung gestellt zu bekommen, wenn es ihm gefalle. Dadurch wurde mein Teil an der Arbeit nur so viel Zeit in Anspruch nehmen, wie ich, in Anbetracht der Wichtigkeit der Sache, geben könnte, ungeachtet meiner vielen anderen Aufgaben. Zu dieser Zeit bat ich

Gott allerdings nie um Geld oder um geeignete Mitarbeiter.

Am 5. Dezember las ich Psalm 81. Von nun an änderte sich die Richtung meines Gebetes schlagartig, denn besonders Vers 11 hatte mich angesprochen: 'Tue deinen Mund weit auf, laß mich ihn füllen.' Ich dachte einige Augenblicke über dieses Wort nach und erkannte dann, daß ich es auf meine Bitten das Waisenhaus betreffend anwenden sollte. Ich fiel nieder auf meine Knie und bat meinen Herrn um viel. Mich seinem Willen unterwerfend, betete ich um ein Haus. Ich bat den Herrn, es mir zu zeigen, egal ob es eine Leihgabe wäre, ob jemand die Miete übernehmen würde oder ob es auf Dauer zur Verfügung gestellt würde. Weiterhin bat ich den Herrn um £ 1000, desgleichen um geeignete Menschen, die Kinder zu versorgen und um Möbelstücke für das Haus sowie um Kleidung für die Kinder. Diese Bitten waren für mich ein großes Wagnis, hatte ich doch weder Freunde noch Bekannte, die in der Lage gewesen wären, mir die erbetenen Dinge zur Verfügung zu stellen. Trotzdem war ich gewiß, der Herr könne sie mir dennoch schenken.

10. Dezember 1835. Heute morgen erhielt ich von Geschwistern einen Brief, in dem sie schrieben: 'Wir bieten uns für den Dienst in dem geplanten Waisenhaus an, wenn Sie uns für geeignet halten. Auch wollen wir all unsere Möbel und den Hausrat, den uns der Herr gegeben hat,

diesem Zweck beisteuern. Wir fordern kein Gehalt in irgendeiner Form, denn wenn es Gottes Willen entspricht, uns einzustellen, dann wird er auch für uns sorgen.'

13. Dezember 1835. Heute wurde ein Bruder geleitet, uns zu versprechen, wöchentlich 4sh zu geben, beziehungsweise £ 10 8sh im Jahr. 8sh bezahlte er als Anzahlung für zwei Wochen. Außerdem boten sich abermals ein Bruder und eine Schwester zur Mitarbeit an. Auch sie wollten alle ihre Möbel und Gerätschaften mitbringen, soweit sie nützlich zu verwenden wären.

17. Dezember 1835. Gestern abend und heute morgen war ich ziemlich niedergeschlagen, da ich immer noch etwas unsicher war, ob ich mich in dieser Weise einsetzen sollte. Ich bat den Herrn, mich weiter zu ermutigen. Bald darauf sandte ein Bruder zwei bedruckte Stoffe, einer 6,3, der andere 21,5 Meter lang, 6,5 Meter Kattun, 4 Stücke Stoffutter, ein Laken und einen Zollstock. Kurze Zeit später brachte ein anderer Bruder einen Wäschetrockner, drei Kittel, vier Schürzen, sechs Taschentücher, drei Bettdekken, ein Bettlaken, sechs Zinnbecher und Teelöffel. Dazu überreichte er mir 3sh6d, die ihm von verschiedenen Leuten mitgegeben worden waren. Gleichzeitig teilte er mir mit, daß ein anderer Mann von Gott geführt wurde, am nächsten Tag £ 100 zu senden."

„15. Juni 1836. Heute betete ich noch einmal ganz intensiv um den Rest der £ 1000. Am

Abend wurden dann £ 5 abgegeben, so daß die Summe nun vollständig beisammen ist. Zur Ehre Gottes, dem ich gehöre und dem ich diene, will ich noch einmal betonen, daß jeder Schilling dieses Geldes mir gegeben wurde, ohne daß ich auch nur einen einzigen Menschen darum gebeten habe."

Am 18. Mai 1836 schreibt Mueller in einem Bericht an die Presse:

„Soweit ich mich erinnern kann, habe ich immer auch die kleinsten Angelegenheiten, die mit dem Waisenhaus zusammenhingen, im Gebet vor Gott gebracht, denn ich war mir meiner eigenen Schwäche und Unwissenheit bewußt. Einen Punkt habe ich allerdings nie berücksichtigt, weil ich ihn für selbstverständlich hielt: ich hatte noch nicht um Kinder für das Heim gebeten. Wir hatten einen Termin für die Entgegennahme der ersten Anmeldungen gesetzt und erwartet, daß sich an diesem Tag die ersten Interessenten melden würden. Doch je näher der Tag rückte, desto stärker wurde in mir die heimliche Gewißheit, der Herr würde meine so natürliche Erwartung enttäuschen, um mir zu zeigen, daß ich nichts ohne ihn tun kann. Tatsächlich ging zu dem festgesetzten Termin keine Anmeldung ein. Am Abend dieses Tages, es war der 3. Februar, warf ich mich vor meinem Gott auf die Knie und begann nochmals meine Motive für die Errichtung des Waisenhauses zu überprüfen.

Aber wieder, wie schon vorher, konnte ich

sagen, daß mein erstes Ziel die Verherrlichung Gottes und mein zweites Ziel das geistliche und körperliche Wohlergehen der Kinder war. Als ich mir dessen sicher war, kam eine große Freude in mein Herz und ich konnte Gott mit voller Überzeugung bitten, Anmeldungen für das Haus zu schicken. Voller Frieden und in der Gewißheit, Gott meine Schwierigkeiten überlassen zu können, bin ich an diesem Abend vom Gebet wieder aufgestanden. Am nächsten Tag ging dann die erste Bewerbung ein, und seitdem sind 42 weitere hinzugekommen."

Zwei Jahre später, als fast 100 Personen zu versorgen waren und die Geldmittel sich nur noch auf £ 20 beliefen, schreibt Mueller:

„22. Juli 1938. Heute abend ging ich durch unseren Garten und meditierte über Hebräer 13, 8: 'Jesus Christus gestern und heute und derselbe auch in Ewigkeit.' Während ich über seine unveränderliche Liebe, Kraft und Weisheit nachdachte und im Gebet diese drei Dinge auch für mich erbat, fiel mir die derzeitige finanzielle Not des Waisenhauses ein. Ich konnte Jesus danken für all die Fürsorge, die er mir bis zu diesem Moment schon gezeigt hatte, denn er hatte mich immer mit allem versorgt, was ich für die Waisen benötigte. Darüber hinaus war ich gewiß, daß uns der Herr in seiner unveränderlichen Treue weiterhin mit allen nötigen Dingen versorgen würde.

Kurze Zeit später wurde mir ein Brief überbracht, der einen Scheck über £ 20 enthielt. Dabei befand sich eine kurze Mitteilung, in der es hieß: 'Bitte benutzen Sie den Betrag des beigefügten Schecks zur Förderung der Bibelkunde-Gesellschaft*), des Waisenhauses oder für ein anderes Werk unseres Herrn, das er Ihnen, wenn Sie ihn darum bitten, zeigen wird. Es ist keine große Summe, aber sie reicht aus, die Bedürfnisse des heutigen Tages zu befriedigen. Für diese Bedürfnisse sorgt der Herr heute. Morgen, wenn neue Nöte auftreten, wird auch dafür wieder genug vorhanden sein.'

21. November 1838. Noch nie waren wir so knapp bei Kasse wie heute. Die Hausmütter der drei Häuser hatten zusammen keinen halben Penny mehr. Trotzdem gab es ein gutes Mittagessen. Indem sie sich mit Brot und anderen Lebensmitteln aushalfen, hofften wir noch gut über den Tag zu kommen. Allerdings bestand keine Aussicht, auch nur für eines der Häuser neues Brot kaufen zu können. Als ich die Schwestern und Brüder nach dem Mittagessen verließ, sagte ich ihnen, wir müßten auf Hilfe warten, könnten aber schon gespannt sein, wie der Herr uns diesmal helfen würde. Trotz der guten Erfahrungen, die wir gerade in Zeiten der Not gemacht hatten, waren meine Mitarbeiter doch sehr unsicher, mußte die Hilfe doch sofort eintreffen, um noch

---

*) Scriptural Knowledge Institution. Diese Gesellschaft wirkte beim Aufbau der W.H. mit. Anm. d. Übersetzers.

Lebensmittel kaufen zu können. Als ich mich auf dem Heimweg befand, traf ich ungefähr 20 Meter von meinem Haus entfernt einen Bruder, der offensichtlich auf mich wartete. Nach kurzem Gespräch übergab er mir £ 10 zur Weitergabe an die Diakone unserer Gemeinde, um arme Gemeindemitglieder mit Kohlen, Decken und warmer Kleidung zu versorgen. Ebenso erhielt ich £ 5 für das Waisenhaus sowie £ 5 für die anderen Werke der Bibelkunde-Gesellschaft. Ich sandte das Geld sofort an die Hausmütter, die über diese Gebetserhörung sehr froh wurden.

21. September 1840. Heute gab mir ein Bruder aus der Nähe von London £ 10, die ich da verwenden sollte, wo sie am meisten benötigt würden. Dieser Bruder hatte bis jetzt noch nie von unserer Arbeit gehört. Doch der Herr zeigte ihm unsere Not, und uns bewies er seine fortwährende Fürsorge. Die auf den Herrn vertrauen werden nicht zugrunde gehen! Immer wieder gibt er uns neue Helfer. Einige, die eine Zeitlang geholfen haben, mögen in Christus entschlafen sein, andere sind vielleicht kalt geworden für den Dienst des Herrn, wieder andere besitzen nicht mehr die Mittel, um uns zu helfen, oder sehen es als den Willen des Herrn an, sich an anderer Stelle einzusetzen. Sicherlich wären wir bald verloren, verließen wir uns auf diese Menschen. Aber der Herr macht uns unabhängig von solchen menschlichen Enttäuschungen und macht immer wieder neue Menschen bereit, uns zu

helfen. Wie segensreich ist es doch, gelernt zu haben, in allen Dingen allein auf Gott zu vertrauen. Wir können froh und gewiß sein: Gott wird uns an nichts fehlen lassen, was wir benötigen, solange wir aufrecht unseren Weg gehen.

9. Dezember 1841. Heute nahmen wir aus dem Verkauf von Strümpfen 10sh 10p für das Waisenhaus ein.

Wir sind nun am Ende des sechsten Jahres mit diesem Werk und haben zur Zeit nicht mehr als das Geld für die Miete. Aber das ganze Jahr über wurden wir mit allem versorgt, was wir brauchten.

Während der letzten drei Jahre haben wir es uns zur Regel gemacht, immer an diesem Tag einen Kassensturz zu machen. Einige Tage später hielten wir dann eine öffentliche Veranstaltung ab, bei der wir erzählten, wie der Herr das Jahr über an uns gehandelt hat. Die Kernaussagen dieser Veranstaltung wurden anschließend zum Lob Gottes und zum Ansporn für seine Gemeinde gedruckt. In diesem Jahr erschien es uns jedoch sinnvoller, die öffentliche Veranstaltung und den Rechenschaftsbericht aufzuschieben. Wir waren überzeugt, mit allen Notwendigkeiten versorgt zu werden, auch wenn wir kein Wort über unsere Arbeit reden oder schreiben würden. Wir wollten deutlich machen, daß wir nur von Gottes Gnade und nicht von dem Mitleid der Leute abhängig sind, die unsere Berichte vielleicht lesen oder hören.

Jeder andere wäre, wie wir natürlich auch, über die Möglichkeit, an die Öffentlichkeit zu treten, sehr erfreut gewesen, aber wir hoffen durch unser geändertes Verhalten, zu einer tiefen, geistlichen Freude zu kommen.

18. Dezember. Heute herrscht größte Bedürftigkeit, denn wir haben nur noch 4p. Trotzdem glaube ich, daß der Herr uns mit allem Nötigen versorgen wird. Der allmächtige Gott hat uns eine große Armut auferlegt, die eine harte Prüfung für uns bedeutet. Wir wollen diese Prüfung bestehen und zeigen, daß wir auch in Zeiten größter Not nicht wankend werden, sondern uns immer noch nur auf ihn verlassen. Aus all der Zeit, die ich bis jetzt im Vertrauen auf Gott erlebt habe, ist mir solch eine große Prüfung meines Glaubens nicht in Erinnerung geblieben. Wir hätten auch jetzt noch unseren Entschluß ändern und an die Öffentlichkeit treten können, denn von vielen Gläubigen wurden unsere Berichte sehnlichst erwartet. Aber der Herr hielt uns getreulich bei der Entscheidung, die wir unter seiner Führung getroffen hatten.

9. März 1842. In dieser Zeit größter Not, sowohl in bezug auf die Tagesschule als auch auf das Waisenhaus, erhielt ich heute £ 10 von einem Bruder aus der Nähe von Dublin. Das Geld wurde zwischen den Häusern aufgeteilt und half so, die Bedürfnisse dieses Tages zu decken. Folgender kleiner Umstand ist an dieser Gabe bemerkenswert: Im Laufe des Vormittags schaute ich

in der Post nach, ob vielleicht eine Spende dabei sei. Ich fand jedoch nichts. Trotzdem war ich nicht enttäuscht, sagte ich mir doch, der Herr kann auch auf andere Art und Weise Hilfe senden. Nicht lange nachdem ich so zu mir gesprochen hatte, wurde uns, wie ich erhofft hatte, geholfen. Der Bruder, der uns die £ 10 übermittelte, hatte diesmal seinen Brief an das Jungen-Waisenhaus gerichtet, von wo er mir überbracht wurde.

17. März 1842. Vom 12. bis 16. März sind £ 4, 5sh und 11p für die Waisen eingegangen. Heute wurde unsere Armut, die mehr oder weniger seit längerer Zeit anhält, überwältigend groß. Kurz nach sieben verließ ich unser Haus, um in die einzelnen Waisenhäuser zu gehen und nachzuschauen, ob genügend Geld für die Milch vorhanden sei, die morgens gebracht wird. Auf dem Weg war es meine große Bitte, der Herr möge sich unser erbarmen, so wie sich ein Vater seiner Kinder erbarmt. Ich flehte ihn an, unser Herz durch Hilfssendungen zu erquicken und uns nicht mehr Last aufzuerlegen, als er uns befähige auch zu tragen. Ich sagte auch, was es für Konsequenzen hätte, wenn wir das Werk aufgeben müßten, weil uns die Mittel fehlen. Während ich so im Gebet versunken war, traf ich einen Bruder, der zu so früher Stunde zu seinem Geschäft unterwegs war. Wir wechselten einige Worte, und nachdem ich weitergegangen war, folgte er mir und gab mir £ 1 für die Waisen. So schnell er-

hört der Herr Gebete! Es lohnt sich, arm zu sein und schwer im Glauben geprüft zu werden, wenn man Tag für Tag solch großartige Beweise des liebevollen Interesses erhält, das unser gütiger Vater an allem hat, was uns betrifft. Wir können seines Interesses und seiner Hilfe völlig gewiß sein, hat er uns doch den größten Beweis seiner Liebe mit seinem Sohn gegeben, der für uns hingegeben wurde, damit wir gerecht werden. Und wie er das getan hat, wird er uns auch in allen anderen Dingen freigiebig helfen.

6. Mai 1845. Vor ungefähr sechs Wochen ließ uns ein Bruder wissen, er erwarte eine beträchtliche Geldsumme, von der er einen gewissen Teil dem Herrn zur Verfügung stellen wollte, und zwar allein £ 100 für das Werk, dem ich vorstehe. Seitdem verging Tag für Tag, ohne daß wir das Geld erhielten. Ich setzte kein großes Vertrauen auf dieses Versprechen, hatte ich doch erkannt, daß man sich auf Gott immer verlassen kann, aber nicht auf den Menschen. Trotzdem dachte ich öfters an die £ 100, da wir auch zu dieser Zeit noch sehr bedürftig waren. Im Gebet bat ich den Herrn, jeden Gedanken an dieses Versprechen aus meinem Sinn zu tilgen, damit ich wieder frei würde, auf ihn zu vertrauen. Und mein Gebet wurde erhört! Kurz darauf erhielt ich einen Brief mit folgendem Inhalt:

Geliebter Bruder,
sind Deine Bankiers immer noch die Herren

Stuckey & Co. in Bristol und sind deren Vertragspartner auch noch die Herren Robarts & Co. in London? Wenn es sich so verhält, dann teile es mir bitte mit und betrachte diesen Brief als Bestätigung einer Einzahlung über £ 70 bei Robarts & Co. Die Summe verwende, wie es Dir der Herr zeigt.

Mit herzlichem Gruß
Dein .....

So belohnt der Herr augenblicklich die, die ihr Vertrauen auf ihn werfen. Aber das war noch nicht alles. Um 14 Uhr erhielt ich die schon vor sechs Wochen angekündigte Summe und konnte auch diese £ 100 gut in unserem Werk verwenden."

GLAUBEN IM ALLTAG

„Ich wünsche mir, daß alle Gläubigen, die diese Berichte lesen, zu einem größeren und einfacheren Vertrauen auf Gott geführt werden. Hoffentlich werden sie durch die Schilderung der vielen Gebetserhörungen ermutigt, selbst zu beten. Niemand soll glauben, diese Erfahrungen der Zuneigung Gottes wären eine Besonderheit meinerseits und könnten nicht von anderen Christen erlebt werden. Natürlich ist nicht jeder Gläubige aufgerufen, ein Waisenhaus oder eine Tagesschule aufzubauen und dabei alle Lasten auf Gott zu werfen und sich ihm bedingungslos auszuliefern. Aber in seinem persönlichen Bereich, in Beruf und Familie ist jeder genauso aufgerufen, seine Hoffnung nur auf Gott zu setzen und Antworten auf die Bittgebete zu erwarten, so wie ich es tue. Gott wird auf alle Gebete antworten, die gemäß seinem Willen und im Namen Jesu Christi gebetet werden. Ich habe nicht, wie man vielleicht annehmen könnte, die Gabe des Glaubens, von der in 1. Korinther 12, 9 in Zusammenhang mit der Gabe der Heilung oder der Prophetie gesprochen wird. Es stimmt zwar, daß mein Glaube ein Geschenk Gottes ist. Er allein stützt und mehrt ihn. Ich bin jederzeit von ihm abhängig, und wäre ich nur kurze Zeit auf mich allein angewiesen, so würde mein Glaube völlig versagen. Aber trotzdem entspricht er nicht der Geistesgabe des Glaubens, von der es in 1. Korinther 13, 2 heißt: 'Und wenn ich allen Glauben hätte, so daß ich Berge versetzte, und hätte der Liebe nicht, so wäre ich nichts.'

Mein Glaube ist genauso wie derjenige eines jeden anderen Christen auch. Seine Entstehung und sein Wachstum kann ich bei mir selbst seit Jahren genau wahrnehmen und verfolgen. Und er zeigt sich zum Beispiel in der Tatsache, daß ich in all den Jahren nie an der Sündenvergebung, an meiner Gotteskindschaft und an meiner Errettung gezweifelt habe. Ich kann, durch Gottes Gnade, an sein Wort glauben und auf das vertrauen, was über die genannten Dinge in folgenden Bibelabschnitten gesagt wird: Johannes 3, 16; Apostelgeschichte 10, 43; Römer 10, 9+10; Galater 3, 26; 1. Johannes 5, 1.

Oft sah in Hinblick auf meinen Dienst unter den Heiligen alles pechschwarz aus, und ich hätte von Gram und Verzweiflung überwältigt sein müssen, wenn ich die Dinge nur nach ihrem Äußeren beurteilt hätte. Gerade in solchen Momenten konnte ich mich aber an Gott aufrichten, indem ich vertrauensvoll seine große Macht und unveränderliche Liebe in Anspruch nahm. Er hat die Möglichkeit, mich von meiner Not zu befreien und mir Gutes zu schenken, so wie es der Apostel Paulus schreibt: '... welcher auch seines eigenen Sohnes nicht hat verschonet, sondern hat ihn für uns alle dahingegeben; wie sollte er uns mit ihm nicht alles schenken?' (Römer 8, 32). Dieses Wissen um die Zuneigung Gottes gab meiner Seele Frieden.

Auch als in Verbindung mit dem Waisenwerk schwere Belastungen in Form von Lügen über unzureichende Verpflegung und mangelhafte Behandlung der Waisen auf mich einströmten, gründete sich meine Seele fest auf Gott. Ich konnte ihm meine Nöte und Probleme abgeben. Obwohl ich zu dieser Zeit hunderte von Meilen von Bristol entfernt war, wußte ich, daß er alle Schwierigkeiten dort lösen würde. Wenn in einem der Häuser ein Mangel auftrat, sei es, daß Geld oder Lehrer oder etwas anderes fehlte, so war es mir gegeben, all diese Dinge vom Herrn zu erwarten.

Ich scheine zu prahlen, wenn ich dies alles schreibe, aber es stimmt, und Gott ist dafür mein Zeuge. Von tiefstem Herzen schreibe ich es allein ihm zu, daß es mir vergönnt ist, ihm zu vertrauen und daß er dieses Vertrauen bis jetzt noch nie enttäuscht hat. Und ich wünsche mir, Gott möge mir die Kraft geben, meinen Glauben auf jeden noch so kleinen Bereich meines Lebens auszudehnen: all die Dinge, mit denen ich ständig zu tun habe, meine eigenen weltlichen und geistlichen Angelegenheiten, die Fragen meiner

Familie, die Probleme unseres Werkes und der Gemeinde Gottes, in der ich lebe – all diese Dinge möchte ich lernen, mit meinem Glauben zu umfassen und Gott vertrauensvoll hinzuhalten. Ich habe diesen Zustand noch nicht erreicht, aber danke Gott trotzdem schon für den Glauben, den ich habe und vertraue auf seine Stärkung.

Gerade in Stunden der Prüfung, in Zeiten der Unsicherheit habe ich gelernt, zu dem Herrn aufzuschauen und Hilfe zu erwarten. Aber nicht nur mir, sondern allen Gläubigen will Gott diesen Glauben schenken. In dem nächsten Abschnitt will ich versuchen zu erklären, wie jeder, der Jesus Christus als seinen Herrn angenommen hat, den eigenen Glauben stärken kann.

'Alle gute Gabe und alle vollkommene Gabe kommt von oben herab, von dem Vater des Lichts, bei welchem ist keine Veränderung noch Wechsel des Lichts und der Finsternis', schreibt der Bruder des Herrn in Jakobus 1, 17.

Dies ist der Schlüssel für die Frage nach der Stärkung des Glaubens. Wenn alle gute Gabe und damit auch ein fester Glaube von Gott gegeben sind, dann müssen wir uns besonders hierbei an ihn wenden und seinen Segen erbitten. Folgende Hilfsmittel kann jeder Gläubige dazu verwenden:

1. Sorgfältiges Lesen des Wortes Gottes in Verbindung mit einem gründlichen Nachdenken darüber. Gerade durch das Lesen in dem Wort Gottes wird der Gläubige immer mehr mit dem

Charakter und der Natur Gottes vertraut und sieht immer mehr, neben seiner Heiligkeit und Gerechtigkeit, wie gütig, liebend, freigebig, erbarmend, mächtig, weise und treu der Herr ist. Deshalb wird er bei körperlichen Leiden, bei Schwierigkeiten im Dienst, in großer Not oder tiefer Trauer, sich auf die Fähigkeit Gottes, ihm zu helfen, verlassen, denn er hat in der Bibel viele Berichte dieser Hilfe Gottes gelesen. Und er hat gesehen, wie der Herr seine übergroße Macht und Weisheit immer wieder benutzt hat, um seinem Volk zu helfen und es zu erlösen.

Wenn uns Gott durch das Lesen in seinem Wort bekannt geworden ist, so wird uns gerade die Betrachtung seiner Fürsorge für die Menschen im allgemeinen ein gewisses Maß an Zutrauen geben, uns auf ihn zu verlassen. Deswegen ist gerade das Lesen im Wort Gottes und das Nachdenken über alles Gelesene ein wichtiges Hilfsmittel zur Stärkung des Glaubens.

2. Es ist wichtig, daß wir versuchen, uns ein standhaftes und gutes Gewissen zu bewahren und deshalb nicht bewußt oder aus Gewohnheit solche Dinge tun, die dem Willen Gottes entgegenstehen. Denn wie soll es mir gelingen, im Vertrauen auf Gott zu handeln, wenn ich ihn in anderen Bereichen immer wieder betrübe und nach meinem Willen lebe? All mein Vertrauen, all meine Hoffnung in der Stunde der Not wird schwinden, wenn ich ein schuldiges Gewissen habe und nicht versuche, es abzulegen, sondern

weiterhin Dinge tue, die Gott entgegenstehen. Und wenn es aus diesem Grunde mir nicht möglich ist zu vertrauen, dann wird in einem solchen Fall mein Glaube geschwächt werden. Denn entweder wächst der Glaube mit jeder Prüfung, in der ich mein Vertrauen ganz auf ihn werfe und so seine Hilfe erfahre, oder er nimmt in dem gleichen Maße ab. Das eine oder das andere wird immer geschehen: entweder Wachstum durch Vertrauen oder Minderung durch Mißtrauen. Gott erwartet von uns, daß wir uneingeschränkt ihm vertrauen und uns nicht noch auf mehrere andere Dinge verlassen, denn das wäre ein Zeichen von Mißtrauen gegenüber Gott.

3. Wenn wir uns wirklich wünschen, unser Glaube möge wachsen, sollten wir nicht vor Umständen zurückschrecken, in denen unser Glaube geprüft wird. Gerade durch überstandene Schwierigkeiten erfahren wir nämlich Stärkung. Da wir aber als Menschen von Gott entfremdet sind, haben wir eine natürliche Hemmung davor, uns allein auf Gott zu verlassen: Wir scheuen vor ihm und allen ewigen Dingen zurück. Dieses Problem beschäftigt die meisten Menschen sogar noch nach ihrer Wiedergeburt. Dennoch ist das unbedingte und uneingeschränkte Vertrauen auf Gott die wichtigste Voraussetzung für eine Stärkung des Glaubens. Je mehr ich mich einer Prüfung unterziehe, desto mehr habe ich Gelegenheit, Gottes Hilfe und Erlösung zu erfahren. Und jedesmal, wenn ich seine

Hilfe in Anspruch nehme, wird mein Glaube wachsen. Deswegen sollte der Gläubige nicht vor Situationen zurückschrecken, in denen sein Glaube geprüft werden könnte, sondern sollte sie als Gelegenheit ansehen, Gottes helfende Hand zu ergreifen.

4. Der letzte wichtige Punkt ist, daß wir Gott in der Stunde der Prüfung für uns arbeiten lassen sollen und nicht versuchen, uns selbst zu erretten. Wie schwach unser Glaube auch sein mag, Gott wird ihn prüfen, jedoch unter einer Bedingung: So wie er uns auch sonst freundlich und sanft führt, so wird er es auch in der Zeit der Prüfung tun. Zu Beginn unseres Christseins wird er uns nicht zu hart prüfen, legt er uns doch nie mehr auf, als wir auch tragen können.

Stehen wir nun in einer Glaubensprüfung, haben wir die natürliche Neigung, Gott zu mißtrauen und uns lieber auf unsere eigene Kraft oder die unserer Freunde zu verlassen. Auf irgendeine Art und Weise werden wir versuchen, uns selbst von unseren Problemen zu befreien. Wenn wir es aber einmal zugelassen haben, daß wir unsere Hoffnung auf die eigene Kraft setzen, dann wird bei der nächsten Prüfung unser Verhalten ähnlich sein, und unser Glaube wird immer mehr abnehmen. Andererseits ständen wir still vor Gott, um seine Erlösung zu sehen, um seine ausgestreckte Hand zu ergreifen, um ihm allein zu vertrauen, so würde unser Glaube jedesmal neu bestärkt werden und wachsen.

Derjenige, der sich einen stärkeren Glauben ersehnt, muß vor allen Dingen lernen, Gott Zeit zu geben. Dann wird er auch erkennen, wie Gott, der unseren Glauben prüft, am Ende hilft und errettet, genau zu dem Zeitpunkt, an dem es richtig für ihn ist."

In den ersten Jahren des Waisen-Werkes hatten George Mueller und seine Mitarbeiter viele solcher schweren Prüfungen ihres Glaubens zu bestehen. Eine der härtesten Prüfungen, die sich im September 1838 abspielte, schildert er in seinen Aufzeichnungen:

„10. September. Montag morgen. Weder am Samstag noch gestern ist Geld hereingekommen. Es erschien mir heute notwendig zu sein, die Mitarbeiter aus den Waisenhäusern zusammenzurufen, um mit ihnen über die ernste Lage zu sprechen. Ich wollte feststellen, wieviel Geld zur Zeit gebraucht würde und ihnen sagen, daß keine Gegenstände mehr gekauft werden dürften, außer wenn sie benötigt würden, die notwendigsten Bedürfnisse an Kleidung und Speise zu decken. Außerdem wollte ich den Brüdern und Schwestern Mut machen, auf Gott zu vertrauen und sie zu andauerndem Gebet anhalten.

Uns allen war deutlich, daß das Werk in einer schweren Krise steckte. Wir überprüften alle Vorräte in den Häusern, ob sich nicht überflüssige Gegenstände fänden, die wir in der nächsten Zeit zu Geld machen könnten. Ungefähr gegen halb zehn erhielten wir 6 Pennies, die ein Unbekannter in den Opferstock der Gideonkapelle gelegt hatte. Dieses Geld war uns ein Hinweis darauf, daß Gott uns nicht verlassen hatte und uns noch mehr Mittel senden würde. Im Laufe des Vormittags besuchte uns eine Schwester, die zuerst meiner Frau und dann auch mir je zwei Sovereigns für die Waisen gab. Sie sagte dazu, daß sie nichts von unserer Not gewußt habe, aber vom Heiligen Geist zu dieser Spende getrieben wurde. Wir hatten nun genug Mittel, um alles Erforderliche zu kaufen. So hat uns Gott der Herr gändig eine kleine Hilfe geschickt, zur großen Ermutigung unseres Glaubens.

17. September. Die Prüfung hält noch immer an. Mit jedem Tag wird sie schwerer. Doch der Herr hat weise Gründe, wenn er uns erlaubt, ihn so lange um Hilfe anzuflehen. Aber ich bin seiner Hilfe gewiß, wenn wir nur lange genug ausharren können. Einer der Mitarbeiter hat etwas Geld bekommen, von dem er 12sh 6d gab, eine Schwester gab 11sh 8d – das letzte Geld, das sie besaß. Dies Geld und weitere 17sh, die gespendet wurden, reichten aus, um Vorräte einzukaufen. Bis jetzt hat es noch nicht an lebensnotwendigen Dingen gemangelt. Trotzdem war ich heute sehr niedergeschlagen, weil wir lange keine größere Geldsumme erhalten hatten. Ich suchte in der Heiligen Schrift nach Trost, und Gott gab ihn mir auch, indem er mich auf den 34. Psalm hinwies. Hier fand ich Erquickung für meine Seele, so daß ich voller Freude und Zuversicht

zu dem Gebetstreffen mit meinen Mitarbeitern gehen konnte. Auch ihnen las ich diesen Psalm vor und suchte ihre Herzen durch die in ihm enthaltenen Verheißungen zu ermuntern.

18. September. Für 1£ 8sh, die wir noch hatten, kauften wir Brot, Milch und Fleisch. Das Brot reicht für zwei Tage, die anderen Dinge für heute. Nun war die Kasse endgültig leer. Die Mitarbeiter hatten in den letzten Tagen schon alles eigene Geld in die Kasse des Werkes getan.

In dieser Situation äußerster Not half uns der Herr. Eine Dame aus der Nähe Londons war vor einigen Tagen in unmittelbarer Nachbarschaft unserer Häuser abgestiegen. Heute nachmittag überbrachte sie uns ein Paket mit £ 3 2sh 6d, die von ihrer Tochter für uns bestimmt waren. Die Tatsache, daß das Geld mehrere Tage in unserer unmittelbaren Umgebung war, ohne gespendet zu werden, ist ein augenfälliger Beweis für die Bereitschaft Gottes, uns zu helfen. Nach der schweren Zeit der Prüfung, nach unzähligen Bittgebeten ist die Erlösung um so köstlicher. Das Geld reicht leicht für zwei Tage aus. An diesem Abend traf ich mich wieder mit meinen Mitarbeitern, und unsere Herzen flossen über vor Lob und Dank gegenüber Gott unserem Herrn, der uns so gnädig und wunderbar erlöst hatte."

DER WEITERE AUSBAU DES WAISEN-WERKES

Im Oktober 1845 beschwerten sich einige Anwohner der Wilson Street über das Waisenhaus, weil sie sich durch die Anwesenheit der Kinder belästigt fühlten. Schließlich entschied George Mueller aus diesen und anderen Gründen, nach viel Nachdenken und Gebet, an einem anderen Ort ein Waisenhaus zu bauen. Dieses Haus sollte so groß sein, daß es 300 Kinder beherbergen konnte.

„31. Januar 1846. Seit 89 Tagen warte ich täglich auf eine Reaktion Gottes bezüglich meiner Gebete wegen des neuen Hauses. Der Zeitpunkt scheint mir nahe zu sein, an dem der Herr uns ein Grundstück zur Verfügung stellen wird. Diese Überzeugung teilte ich heute meinen Mitarbeitern nach unserem üblichen Gebetstreffen mit.

1. Februar. Eine arme Witwe sandte uns heute £ 105.

2. Februar. Heute hörte ich von einem passenden und billigen Stück Land in Ashley Down.

3. Februar. Habe das Grundstück besichtigt. Es ist das geeignetste, das ich bisher gesehen

habe. Außerdem habe ich einen Sovereign erhalten, eingewickelt in ein Stück Papier, auf dem stand: 'Für das neue Waisenhaus.'

4. Februar. Heute abend wollte ich den Besitzer des Grundstücks in Ashley Down besuchen, traf ihn aber nicht an. Auch in seinem Geschäft konnte ich ihn nicht finden, obwohl er dort sein sollte. Ein Diener gab mir den Rat, gegen 20 Uhr wieder in seinem Haus vorzusprechen, aber ich nahm dieses Angebot nicht an, weil ich es als einen Hinweis Gottes erkannte, den Mann an beiden Orten nicht angetroffen zu haben. Ich hielt es für das Beste, in dieser Angelegenheit nichts weiter zu unternehmen.

5. Februar. Heute früh begegnete ich dem Besitzer des Grundstücks auf der Straße. Er erzählte mir, er sei um drei Uhr in der Nacht aufgewacht und habe bis fünf Uhr nicht wieder einschlafen können. Während der ganzen Zeit beschäftigten sich seine Gedanken mit dem Stück Land, für das ich mich interessierte. Er kam in dieser Nacht zu dem Entschluß, das Grundstück dem Waisen-Werk für £ 120 pro Morgen anzubieten, obwohl er vorher noch £ 200 verlangt hatte.

Wie gut ist doch der Herr! Gestern noch ließ er mich den Mann nicht antreffen, und in der Nacht führte er ihn dann zu der genannten, positiven Entscheidung. Heute wurde der Vertrag über den Kauf von fast sieben Morgen Land unterzeichnet.

19. November 1846. Ich fühle mich jetzt immer mehr gedrängt, den Herrn um Mittel für den Baufond zu bestürmen. Vor einiger Zeit schon wurden die Beschwerden der Anwohner der Wilson Street veröffentlicht, und ich mußte die Berechtigung dieser Klagen auch eingestehen. Ferner komme ich immer mehr zu der Überzeugung, daß es auch nützlich für das körperliche und geistige Wohl der Kinder wäre, wenn das neue Haus bald gebaut würde. Außerdem steigt ständig die Zahl der sehr armen und notleidenden Waisen, die auf eine Aufnahme in unser Haus warten. Immer wieder erreichen uns neue Anmeldungen.

Ich wünsche mir allerdings auch, den Bau nicht einen Tag eher zu beginnen, bevor der Herr es will. Ich weiß, wie sehr es ihn erfreut, ernsthaft angefleht zu werden, und wie er mit großem Wohlwollen unsere anhaltenden Bitten und Gebete hört. Dies ist unschwer an dem Gleichnis von der armen Witwe und dem ungerechten Richter zu erkennen. Deswegen gab ich mich gestern abend wieder besonders dem Gebet hin, damit der Herr Mittel für den Bau sende. Heute betete ich zwischen 5 und 6 Uhr früh wieder für den Baufond und las anschließend lange in dem Wort Gottes.

Dabei stieß ich auf folgenden Vers des Markusevangeliums: 'Alles, was ihr bittet in eurem Gebet, glaubet nur, daß ihr's empfangt, so wird's euch werden' (Markus 11,24). Über die

Wichtigkeit dieses Verses habe ich schon viel nachgedacht und gesprochen. An diesem Morgen erkannte ich ihn jedoch als göttliche Wahrheit mit besonderem Nachdruck. Ich fühlte, daß ich mit diesem Vers gemeint war und kniete mich wieder hin zum Gebet: 'Herr ich glaube, daß Du mir alles geben willst, was ich für dieses Werk benötige. Ich bin sicher, alles zu erhalten, um was ich bitte, weil Du es zugesagt hast', so sprach ich zum Herrn.

Nach einer weiteren Zeit des Gebetes mit meiner Familie, in der wir für all unsere Bedürfnisse und besonders für die Angelegenheiten des Werkes gebetet hatten, wurde mir ein Einschreiben überreicht, mit dem ein Bruder uns allein £ 280 für den Baufond sandte. Der heilige Name des Herrn sei gepriesen für dieses ermutigende Zeichen, durch das unsere Mittel für den Bau auf über £ 6000 anstiegen.

25. Januar 1847. Die Zeit des Jahres nähert sich, in der mit dem Bau begonnen werden kann. Deshalb habe ich mit großem Ernst den Herrn beharrlich gebeten, den Rest des benötigten Geldes bereitzustellen. Mir wurde immer deutlicher, daß nun die Zeit gekommen ist, zu der der Herr uns alle Mittel geben wird. Alle Gründe, die ich schon oft vor Gott gebracht hatte, sagte ich auch heute im Gebet. Seit 14 Monaten und 3 Wochen bitte ich den Herrn nun schon um die Mittel für den Bau. Heute erhob ich mich, nun in der vollen Zuversicht, daß Gott uns bald helfen

würde, von den Knien. Ungefähr eine Stunde später erhielt ich £ 2000 für den Baufond. Damit hatte ich für diesen Zweck insgesamt £ 9285 3sh 9d erhalten, und wir konnten nun mit dem Bau beginnen.

Ich kann die Freude nicht beschreiben, die mir Gott bereitet hat, als ich diese Spende empfing. Um das nachzuempfinden, müßte man es wohl selbst erlebt haben. 447 Tage lang habe ich Tag für Tag auf den Herrn gehofft, bevor die Summe für den Baubeginn ausreichte. Wie groß ist doch der Segen für die Seele, den sie durch Vertrauen auf Gott und durch geduldiges Warten erhält! Hier wird offenbar, wie köstlich und ertragreich es ist, auf diese Art und Weise Gottes Werk zu tun.

* * *

12. März 1862. Schon ab November 1850 beschäftigte ich mich in Gedanken mit einer Erweiterung des Waisen-Werkes auf zunächst 1000 und später auf 1150 Heimplätze. Im Juni 1851 wurde dieser Plan bekannt, nachdem ich ihn über sieben Monate hinweg geheimgehalten und täglich darüber gebetet hatte. Von diesem Zeitpunkt an bis heute ist nicht ein einziger Tag vergangen, an dem die geplante Vergrößerung nicht vor Gott gebracht wurde. Gewöhnlich geschah dies sogar mehrmals täglich. Aber erst jetzt, an diesem 12. März, ist das dritte Haus soweit fertiggestellt, daß es belegt werden kann.

So lange kann es dauern, bevor ein Gebet, ja sogar Tausende von Gebeten vollständig beantwortet werden. Und das auch, wenn es sich, wie in unserem Fall, um ernsthafte, gläubige Gebete handelt, auch wenn diese Gebete im Namen des Herrn Jesus Christus gesprochen wurden und wir uns eine Antwort nur um seiner Ehre willen wünschten. Nur durch Gottes Hilfe und durch seine Gnade waren wir in der Lage, mehr als elf Jahre lang ausdauernd um eine vollständige Antwort zu bitten.

Wie schon bei unserem zweiten Haus, so habe ich auch bei dem dritten Waisenhaus täglich um geeignete Mitarbeiter und Assistenten für die verschiedenen Abteilungen des Hauses gebetet. Schon bevor der Grundstein gelegt wurde und während der ganzen Zeit des Baues, brachte ich diese Angelegenheit vor Gott, in der sicheren Überzeugung, daß er sich auch hier gnädig erzeigen würde.

Schließlich war die Zeit nicht mehr fern, zu der das Haus eröffnet werden konnte. Damit war auch der Zeitpunkt gekommen, alle Bewerbungen, die inzwischen schriftlich vorlagen, zu überprüfen, um die verschiedenen Positionen zu besetzen. Nun stellte sich heraus, daß einige dieser Positionen nicht besetzt werden konnten, sei es,weil die Bewerber nicht mehr abkömmlich waren oder weil sie sich nach eingehender Überprüfung als nicht geeignet herausstellten. Das war eine große Prüfung des Glaubens für mich, hatte ich doch im vollsten Vertrauen auf die Hilfe Gottes gebaut, und jetzt erhielten wir sie nicht, obwohl sie uns als so notwendig erschien. Wäre es nun gerecht gewesen, Gott der Untreue zu bezichtigen oder ihm jetzt zu mißtrauen? Im Gegenteil! Ich dankte Gott für all die Hilfe, die er uns schon hat zukommen lassen, ich dankte ihm dafür, daß er uns geholfen hat, all die großen Schwierigkeiten zu überwinden, und ich dankte ihm für die Helfer, die er mir für die anderen Häuser schon gegeben hat.

Anstatt Gott zu mißtrauen, sah ich auch dieses Problem als eine Prüfung meines Glaubens an. Ich forderte meine Mitarbeiter auf, intensiv um Helfer zu bitten und betete mit meiner Frau nun dreimal täglich um die Beendigung unserer Not. So fuhren wir vier Monate lang fort, mit inständigen Bitten Tag für Tag den Herrn anzurufen. Das Ergebnis war, daß er uns einen Mitarbeiter nach dem anderen sandte, ohne daß die Hilfe jemals zu spät kam oder gar die Aufnahme der Kinder gestoppt werden mußte. Und ich bin ganz sicher, daß die wenigen, die wir jetzt noch benötigen, sich auch finden werden, wenn sie wirklich gebraucht werden."

Im Zuge des weiteren Ausbaus des Waisen-Werkes stieß George Mueller auf besondere Schwierigkeiten, ein geeignetes Stück Land zu erwerben. Auf diesem Land sollten zwei neue Häuser gebaut werden, für deren Errichtung schon viel Geld zur Verfügung stand. Mueller gibt selbst folgenden Bericht über die Lösung des Problems:

„Durch alles, was seit dem 26. Mai 1864 hereingekommen ist, habe ich über £ 27 000 für den Bau zur Verfügung. Ich war aber entschlossen, nichts weiter zu unternehmen, bevor nicht die Hälfte der veranschlagten Gesamtkosten zusammen wäre. Nun ist diese Summe erreicht, und ich bin froh, nach erneuter Rücksprache mit meinem Herrn, endlich die ersten Schritte zum Erwerb eines Grundstücks unternehmen zu können.

Schon vor Jahren war mir ein wunderschönes Stück Land aufgefallen, das nur durch eine Straße von unserem alten Grundstück getrennt ist. Dieses Anwesen ist ungefähr 18 Morgen groß und mit einem kleinen Haus bebaut. Viele Male habe ich in den vergangenen Jahren darum gebetet, daß Gott mich um Jesu willen für würdig befinde, auf diesem Gelände zwei weitere Waisenhäuser zu errichten. Vor Jahren schon hatte sich die Möglichkeit ergeben, es zu kaufen, aber ich wollte dem Herrn nicht vorgreifen. Schon damals war das Geld für den Kauf beisammen gewesen, doch hatte ich noch kein eindeutiges und klares Zeichen von Gott erhalten. Jetzt aber war ich mir ganz sicher. Ich hatte genug Geld für das gesamte Bauvorhaben und bat auch Gott noch einmal darum, die Führung zu übernehmen, wenn ich nun die ersten Schritte unternähme. Anfangs suchte ich den Grundstücksmakler auf, der mir auch bestätigte, daß das Grundstück zum Verkauf stünde. Allerdings sei es noch auf zwei Jahre hinaus verpachtet. Mir jedoch erschien es wünschenswert, das Grundstück innerhalb von sechs Monaten in unseren Besitz zu bringen, um nach Fertigstellung der Baupläne und nach Vertragsabschluß mit dem Bauunternehmer sofort mit der Arbeit beginnen zu können. Die Schwierigkeit, die sich durch die langfristige Verpachtung ergab, hoffte ich, in gegenseitigem Einvernehmen mit einer fairen Entschädigung und vor allen Dingen durch die Hilfe des Herrn, aus dem Weg zu räumen.

Doch vorerst tauchten noch zwei weitere Probleme auf: erstens verlangte der Besitzer £ 7000 für das gesamte Grundstück. Dieser Preis lag nach meiner Meinung beträchtlich über dem tatsächlichen Wert. Und zweitens hörte ich, daß die Wasserwerke von Bristol beabsichtigten, auf genau diesem Gelände ein zusätzliches Wasserreservoir anzulegen und daß man sich um einen entsprechenden Ratsbeschluß bemühte.

Obwohl wir mit solchen Schwierigkeiten nicht gerechnet hatten, ließen wir uns nicht entmutigen, wußten wir doch, daß es sich um Prüfungen des Herrn handelte, durch die er unseren Glauben stärken wollte und die wir auch mit seiner Hilfe überwinden konnten. Deswegen vertrauten wir ihm gemäß des Wortes: 'Der Herr ist des Armen Schutz, ein Schutz in Zeiten der Not. Darum hoffen auf dich, die deinen Namen kennen; denn du verlässest nicht, die dich, Herr, suchen' (Psalm 9, 10+11). Ich begann, ernstlich hinsichtlich der genannten Schwierigkeiten zu beten und unternahm gleichzeitig folgende Schritte:

1. Ich suchte den Exekutivausschuß der Bristoler Wasserwerke auf, um mit ihm über das geplante Wasserreservoir zu sprechen. Freundlicherweise konnten mir die Herren versichern, daß sie nur einen sehr kleinen Teil des Grundstücks für ihr Vorhaben benötigten. Außerdem versicherten sie mir, wenn es sich einrichten ließe, auch dieses Stück nicht zu benutzen.

2. Als dieser Punkt erledigt war, sprach ich nach vielen Gebeten mit dem Pächter. Gerade als Christ wünschte ich mir, daß ein eventueller Vertragsabschluß zu günstigen Bedingungen für ihn geschähe. In einem ersten Gespräch erklärte ich ihm unsere Pläne, und er erbat sich etwas Bedenkzeit. Nach mehreren Tagen traf ich den Mann wieder. Er erklärte sich bereit, da das Land für einen solch wichtigen Zweck benötigt würde, von dem Pachtvertrag zurückzutreten. Allerdings erwarte er auch eine Entschädigung, da er sehr viel in Haus und Grundstück investiert habe. Ich konnte ihm diese Entschädigung frohen Herzens zusagen und betrachtete die Einigung als eine große Gebetserhörung.

3. Nun nahm ich die dritte Schwierigkeit in Angriff: der Preis des Grundstücks. Ich wußte, daß der Wert des Landes für das Waisenwerk

weit über dem eigentlichen Marktwert lag. Das Anwesen war ausgesprochen günstig für unsere Zwecke, lag es doch direkt neben unserem alten Grundstück, so daß alle Häuser gemeinsam verwaltet werden könnten. Außerdem gab es auf der Landstraße eine völlig neue Kanalisation, und auch die Versorgung mit Gas war von Bristol aus möglich.

Ich betete Tag für Tag darum, daß der Herr den Besitzer dahin führen würde, einen weit niedrigeren Preis zu akzeptieren. Während der Verhandlungen versuchte ich dem Besitzer zu erläutern, daß der Marktwert des Bodens unter £ 7000 läge. Schließlich akzeptierte er einen Preis von £ 5500. Nachdem nun alles geregelt war, übergab ich das Grundstück dem Gremium, das auch die anderen drei Häuser verwaltete.

Ich habe mich so genau über die überwundenen Schwierigkeiten ausgelassen, um den Leser zu ermutigen, bei ähnlichen Problemen, wie groß sie auch sein mögen, nicht zu verzagen, sondern auf den Herrn zu schauen und seine Hilfe zu erwarten.

5. März 1874. Beide neuen Häuser sind nun schon seit Jahren fertiggestellt: seit November 1868 bzw. seit Anfang 1870 haben über 1200 Waisen die Häuser bezogen. Zu dem gesamten Bauvorhaben ist noch zu sagen, daß alle Rechnungen für den Bau, die Ausstattung sowie die Möblierung sofort bezahlt wurden, nachdem die

Forderungen eingingen. Außerdem blieben noch mehrere tausend Pfund übrig, die wir für laufende Ausgaben und Reperaturen benutzten. Gott erhört im Übermaß unsere Gebete! Er segnet uns reich, wenn wir uns ihm anvertrauen."

FREUDE ÜBER GEBETSERHÖRUNGEN

„Die Freude über Gebetserhörungen ist eigentlich nicht zu beschreiben, und ihr Stellenwert für das geistliche Leben ist ungeheuer groß. Deswegen wünsche ich das Erlebnis dieser Freude allen meinen Lesern. Wenn Sie Jesus als den Herrn und Retter Ihrer Seele anerkennen, wenn Sie den geraden und gerechten Weg gehen, wenn Sie geduldig und voll Glauben auf Gott warten, dann wird er sicherlich Ihre Gebete erhören. Vielleicht sind Sie nicht, so wie ich, berufen, ein solch großes Werk des Herrn mitzubauen. Aber gerade in den Situationen des Alltags, in der Familie und im Beruf, in der Mitarbeit in der Gemeinde können Sie die Erfahrung der Gebetserhörung machen, genauso wie ich es getan habe.

Sollte dies jedoch jemand lesen, der sein Leben noch nicht an Jesus Christus übergeben hat, dem noch nicht deutlich ist, was es bedeutet, ein Leben ohne Gott zu führen, dann fordere ich ihn auf, zuallererst den Herrn zu bitten, sich ihm zu offenbaren. Denn nur wer die Erlösungstat Jesu für sich anerkennt, wer den Weg der Sünde verläßt, wer Gott die Regie in seinem Leben übergibt, kann die Erfahrung einer Gebetserhörung machen. Erst wenn die Sünden in unserem Leben vergeben sind, wenn der Weg von Gott zu uns freigeräumt ist, dann können wir mit all den geistlichen und weltlichen Dingen, die uns beschäftigen, zum himmlischen Vater kommen. Und wir werden die Erfahrung machen, daß er sich gnädig unser erbarmt.

Ich will dies an einem Beispiel deutlich machen. Am 30. April 1859 erhielt ich folgenden Brief:

> Mein lieber Bruder in Christus,
> ich will versuchen, Ihnen etwas von der großen Freude mitzuteilen, die ich in meinem Herzen fühle. In der letzten Zeit habe ich eines Ihrer Bücher gelesen und bin durch diese Lektüre Gott sehr nahe gekommen. Ich habe mich nun Gott ganz zugewandt und durfte miterleben, wie mein Glaube wuchs. Und Gott hat mich reich beschenkt. Von Beruf bin ich Landschaftsmaler, habe aber noch nie ein Bild verkauft. Neulich habe ich dem Herrn versprochen, die Hälfte des ersten Verkaufsertrages für sein Werk zu spenden. Nun ist heute das erste Bild gekauft worden. Wie reich segnet Gott doch die, die ihm vertrauen! £ 10, das ist die Hälfte des Erlöses, werde ich Ihnen senden, sobald ich das Geld erhalten habe.

Viele solcher Briefe, die Ausdruck einer tiefen Dankbarkeit gegenüber Gott sind, habe ich in den letzten vierzig Jahren erhalten.

Der Nordwind wird zum Südwind

Ende November 1857 wurden wir von der Nachricht überrascht, daß der Wasserkessel der Heizung in Haus eins ein Leck habe. Das war eine schlimme Situation, denn es wurde bald deutlich, daß es unmöglich war, den Winter über mit diesem Kessel weiterzuheizen. Unglücklicherweise war der Kessel auch noch vollkommen mit Mauerwerk umgeben, so daß wir seinen tatsächlichen Zustand nicht genau beurteilen konnten. Der Abriß des Mauerwerkes barg aber die Gefahr einer weiteren Beschädigung in sich. Auch den Einbau eines völlig neuen Kessels konnten wir nicht ins Auge fassen, da diese Arbeit mehrere Wochen in Anspruch genommen hätte, und der Winter doch kurz bevorstand. Auf jeden Fall entstand das Problem, für über dreihundert Kinder, unter ihnen auch Säuglinge, während der Reperaturarbeiten geheizte Räume zur Verfügung zu stellen. Natürlich hatten wir die Idee, in den Räumen zusätzliche Gasöfen aufzustellen. Leider erwies sie sich als nicht durchführbar, weil erstens die Gaszulieferung nicht ausgereicht hätte und zweitens für jeden Ofen ein langer Schornstein notwendig geworden wäre.

Ich ließ mich auch diesmal ganz in Gottes

Hand fallen und traf unter vielen Gebeten die Entscheidung, das Mauerwerk abzureißen, um den Kessel reparieren zu lassen. Der Tag, an dem die Arbeiter kommen sollten, war vereinbart und alle notwendigen Vorbereitungen, wie z.B. Löschen des Feuers, waren getroffen. Nun setzte aber eine Woche vor Arbeitsbeginn ein scharfer Nordwind ein, und die Temperaturen sanken erstmals sehr stark ab.

Wir beteten inständig um zwei Dinge: darum, daß der Herr den Nordwind in einen Südwind verwandeln würde und daß die Arbeiter bereit sein würden, zügig zu arbeiten. Als dann der Tag kam, war das Wetter so milde, daß keine Heizung benötigt wurde. Das Mauerwerk war schnell entfernt, das Leck wurde gefunden, und die Heizungsbauer begannen zielstrebig mit der Reperatur des Kessels.

Gegen Abend kam der verantwortliche Meister des Betriebes, um nach dem Fortgang der Arbeit zu schauen. Gerade als er seine Arbeiter auffordern wollte, am nächsten Morgen sehr früh an ihrem Arbeitsplatz zu erscheinen, sagte der Gruppenführer: „Wir würden gern die ganze Nacht durcharbeiten." Als er dies gesagt hatte, erinnerte ich mich an den zweiten Teil meines Gebetes. Ich war Gott sehr dankbar, daß er es gehört hatte und die Handwerker willig zur Arbeit machte. Tatsächlich war am nächsten Tag die Reperatur erledigt, und wir konnten das Haus wieder heizen. Die ganze Zeit über hatte ein milder Südwind geweht. Dem Herrn sei Preis und Dank!

Sorge um Lehrstellen

In unserer langen Arbeit haben wir es uns zum Prinzip gemacht, möglichst alle Jungen in eine Lehre in einen Handwerksbetrieb zu entlassen. Dabei haben wir nicht nur darauf geachtet, daß der ausbildende Meister ein Christ war, sondern wir haben auch den Arbeitsplatz auf seine Eignung hin untersucht. Zusätzlich verlangten wir von den Lehrherren die Bereitschaft, die Jungen in ihre Familie aufzunehmen. Im Frühsommer 1862 ergab sich nun das Problem, daß keine Angebote von Meistern vorlagen. Wir hätten die Möglichkeit gehabt, den Mangel an Lehrstellen zu veröffentlichen, haben davon aber abgesehen, um nicht Meister, die die Lehrlinge nur wegen der Prämie anstellen würden, anzulocken.

Lieber wandten wir uns mit dem Problem an Gott. Obwohl sich einige Wochen lang nichts tat, hielten wir an im Gebet und wurden reich belohnt. Nach und nach meldeten sich verschiedene Meister, so daß es uns gelang, alle achtzehn Jungen unterzubringen.

Hilfe für bedürftige Prediger

Als ich Ende 1863 wieder eine genaue Abrechnung für das vergangene Jahr machte, war es, wie schon in den letzten Jahren, mein besonderer Wunsch, eine Hilfe für bedürftige Diener am Wort Gottes bereitzustellen. Ich ging die Liste der Leute, die dafür in Frage kamen durch und kreuzte die Namen der Prediger an, die eine Hilfe erhalten sollten. Als ich dann die Beträge zusammenrechnete, ergab sich eine Summe von £ 476. Leider hatte ich für diesen Zweck nur £ 280 zur Verfügung. In meiner morgendlichen Gebetszeit, in der ich täglich viele Anliegen vor den Herrn bringe, dankte ich ihm dafür, daß er mich für würdig befindet, einen Teil seines Werkes auf dieser Erde zu leiten. Ich war ihm auch herzlich dankbar für die £ 280, bat aber gleichzeitig noch darum, das fehlende Geld zur Verfügung gestellt zu bekommen. Kurze Zeit darauf erhielt ich £ 200, die ich für diese Mission einsetzen sollte. Diejenigen, die die Segnungen des völligen Vertrauens auf Gott kennen, werden vielleicht nachvollziehen können, wie sehr diese Gebetserhörung mein Herz erquickt hat. Und ich wurde froh, nicht nur weil mein Gebet erhört wurde, sondern auch weil ich dadurch einigen armen Mitbrüdern helfen konnte.

Masern

Im Sommer 1866 brach in unseren Häusern eine Masernepidemie aus. Diese Krankheit ist ja gerade für Kinder nicht ungefährlich. Unser Gebet galt besonders drei Anliegen:

Zuallererst baten wir darum, daß nicht allzuviel Kinder gleichzeitig krank würden, so daß die Betten in den Krankenzimmern ausreichen würden. Auf Grund unserer demütigen Bitten wurden wir erhört, und Gott richtete es so ein, daß immer nur soviel Kinder erkrankten, wie freie Betten zur Verfügung standen.

Dann beteten wir darum, daß alle Kinder gut durchgebracht werden könnten und keines stürbe. Auch dieses Gebet wurde vollständig erhört. Keines der 262 Kinder mußte im Verlauf der Krankheit von uns gehen.

Drittens beteten wir darum, daß bei keinem der Kinder einer der schrecklichen Folgeschäden auftreten möge, die leider immer noch so häufig zu verzeichnen sind. Aber auch in diesem Punkt schenkte Gott Gnade. Alle Kranken erholten sich nicht nur, sondern es ging ihnen nachher ausgesprochen gut. Dankbar verzeichnete ich diese vollkommene und köstliche Gebetserhörung zur Ehre des Namen Gottes.

£ 100

25. Juli 1865. Heute erhielt ich aus der Nähe von London folgenden Brief, dem ein Scheck über £ 100 beilag:

Lieber Bruder!

Durch die Führung des Heiligen Geistes fühle ich mich gedrängt, Ihnen den beiliegenden Scheck zu übersenden. In der Hoffnung, daß in dem Werk, dem Sie vorstehen, alles zum Besten steht, verbleibe ich mit aufrichtigen Segenswünschen.

Ihr …

Dieser Bruder, den ich noch nie gesehen habe, hatte uns schon öfters eine ähnliche Summe gespendet. Einige Tage bevor mich dieser Brief erreichte, hatte ich den Herrn gebeten, das Herz gerade dieses Spenders zu bewegen, uns zu helfen. Nun erkennen Sie, lieber Leser, was es bedeutet, wenn der Mann schreibt: 'Durch die Führung des Heiligen Geistes fühle ich mich gedrängt …' Es war wirklich der Herr, der ihn beeinflußt hatte, uns diese Summe zu schicken. Für mich selbst war es eine doppelte Gebetserhörung, denn nicht nur die Spende war eingegangen, sondern sie kam auch noch von dem Mann, von dem ich sie beim Herrn erbeten hatte.

Natürlich habe ich dies alles dem Bruder nicht geschrieben, damit ich nicht durch die Schilderung der Umstände und durch Hinweise auf unsere Not gleichzeitig um noch mehr Geld bitten müßte. Wer sich auf den Herrn verläßt, hat es nicht nötig, Hinweise und Anspielungen auf die notvolle Situation zu geben, damit ihm geholfen wird. Der Herr ist unsere Hilfe, und er sorgt für uns. Niemals warten wir vergeblich auf Gott!

Verhalten im Geschäftsleben

Zu Beginn des Jahres 1868 erhielt ich den Brief

eines christlichen Geschäftsmannes, der mich in einer besonderen Situation um Rat fragte. Da ich diese Situation nicht genau einschätzen konnte, bat ich den Bruder, mich zu besuchen. In dem Gespräch, das wir kurze Zeit darauf führten, wurde deutlich, wie sehr sich dieser Mann danach sehnte, auch im Geschäftsleben nach den Weisungen Gottes zu handeln. Leider befand er sich aber in einer fast aussichtslosen geschäftlichen Lage, so daß ihm Gottes Wille nicht mehr klar vor Augen stand.

Daraufhin gab ich ihm folgenden Rat: Erstens, daß er so oft wie möglich, mindestens einmal täglich mit seiner Frau für die Belange des Geschäftes beten solle. Zweitens, daß er eine Gebetserhörung erwarten solle. Drittens, daß er alle unsauberen Tricks, zum Beispiel einige Artikel unter dem Selbstkostenpreis anzubieten, aufgeben solle, weil sie eines Jüngers Jesu nicht würdig sind. Ich machte ihn darauf aufmerksam, daß er, wendete er die Tricks trotzdem an, nicht mit der Hilfe des Herrn rechnen könne. Zuletzt riet ich ihm, in jeder Woche, unabhängig von der Höhe seines Gewinns, einen bestimmten Betrag für das Reich Gottes abzuzweigen.

Nach fast einem Jahr erhielt ich von diesem Bruder wieder Post, in der er mir bestätigte, wie wertvoll der Rat für ihn gewesen sei. Er habe sich in dem vergangenen Jahr ganz auf Gott verlassen und sei dadurch reich gesegnet worden.

Dies alles habe ich so ausführlich beschrieben,

um gerade christlichen Geschäftsleuten eine Hilfe für ihr Handeln zu geben."

George Muellers Heirat

Nicht nur in bezug auf seine Arbeit im Reich Gottes, sondern besonders auch wegen der Belange seines persönlichen Lebens wandte sich George Mueller immer wieder an den Herrn und unterstellte sich seiner Führung. Zwei Beispiele sollen das näher belegen.

„Ende 1829 verließ ich London, um in der Grafschaft Devonshire das Evangelium zu verkünden. Vor der Abreise gab mir ein guter Freund die Adresse einer gewissen Miss Paget in Exeter, die ich unbedingt aufsuchen sollte, da sie eine großartige Mitarbeiterin im Reich Gottes sein sollte. Mehrere Wochen trug ich die Adresse in meiner Tasche mit mir herum, bevor ich vom Herrn geführt wurde, die Dame aufzusuchen. Miss Paget bat mich, an einem Dienstag in einem kleinen Raum, den sie zu diesem Zweck angemietet hatte, zu predigen. Ich nahm diese Aufforderung dankbar an, da ich es mir wünschte, überall die köstliche Wahrheit von der Wiederkunft des Herrn zu verbreiten. In diesem kleinen Haus hatte vor mir unter anderen schon mein späterer Schwager gepredigt, bevor er als Missionar nach Bagdad ging.

Als ich nach meiner Predigt Miss Paget wieder verließ, gab sie mir die Adresse eines Bruders mit, damit ich auf der Rückfahrt in meinen Wohnort bei ihm übernachten könnte. Dieser Bruder war der Leiter einer Volksschule für junge Frauen und Männer. Sein Haushalt wurde gerade von Miss Groves geführt, da seine eigene Frau schwer erkrankt war. Ich war dankbar dafür, jederzeit in diesem Haus Unterkunft zu finden, wenn ich in Exeter predigte.

Zu dieser Zeit beabsichtigte ich, überhaupt nicht zu heiraten, um unabhängig zu sein für den Dienst am Evangelium. Nach einigen Monaten wurde mir jedoch aus verschiedenen Gründen deutlich, daß es für mich besser sei zu heiraten.

Natürlich entstand jetzt die Frage, wen ich heiraten sollte. Sofort kam mir Miss Groves in den Sinn. Dieser Gedanke stürzte mich allerdings in einen schweren Konflikt, hätte ich doch so meinem treuen Freund die Haushälterin weggenommen, die ihm eine so große Hilfe war. Der Gedanke daran war mir unerträglich. Immer wieder warf ich mich im Gebet vor Gott nieder, um von ihm Weisung zu erhalten. Nach einiger Zeit entschloß ich mich trotz aller Bedenken, Miss Groves einen Heiratsantrag zu machen. Inzwischen hatte ich nämlich Grund zu der Annahme, ihre Zuneigung gewonnen zu haben, und war mir außerdem sicher, daß der Herr das Problem meines Freundes lösen würde. Am 15. August machte ich Miss Groves einen schriftlichen Heiratsantrag, in den sie drei Tage später einwilligte.

Das erste, was wir nach dieser Einwilligung taten, war, daß wir gemeinsam auf die Knie fielen, um den Segen des Herrn für unsere Beziehung zu erbitten. Auch das Problem meines Freundes und Bruders wurde gelöst, denn kurze Zeit später sandte der Herr eine Dame, die geeignet erschien, die Rolle als Haushälterin zu übernehmen. Am 7. Oktober heirateten wir auf äußerst schlichte Weise ohne den sonst üblichen Empfang. Nur am Nachmittag trafen wir uns mit einigen Freunden zu einem gemeinsamen Abendmahl. Danach fuhr ich mit der Postkutsche meine geliebte Braut in unsere Wohnung. Schon am nächsten Tag begannen wir unsere gemeinsame Arbeit für das Reich Gottes.

Noch einmal will ich herausstellen, in welchen Punkten ich Gottes lenkende Hand vor Beginn unserer Ehe erkannte:

1. Daß mir die Adresse von Miss Paget im Auftrag Gottes gegeben wurde.
2. Daß mich der Heilige Geist führte, sie auch aufzusuchen.
3. Daß sie mir die Unterkunft verschaffte, in der ich Miss Groves begegnete.
4. Daß Gott mich in meinen Gebeten bestärkte, ihr einen Heiratsantrag zu machen.
5. Daß das Problem meines Freundes gelöst wurde.

Ich habe in der ganzen Zeit unserer Ehe immer nach dem Willen Gottes gefragt und auch gehandelt. Das Ergebnis ist nicht nur eine glückliche Ehe, sondern das Erlebnis eines einzigartigen Segensflusses.

Ich will hier noch einige Worte christlicher Unterweisung anfügen. Die enge Verbindung einer Ehe einzugehen, ist eines der wichtigsten Ereignisse im Leben zweier Menschen. Deswegen kann man nie genug dafür beten, denn unsere Lebenserfüllung, unsere Brauchbarkeit für den Herrn ist auf das engste mit dieser Frage verknüpft. Darum sollte weder Schönheit noch Alter, weder Geld noch geistige Fähigkeiten unsere Wahl beeinflussen. Allein Gottes Führung und der gemeinsame Glaube an Jesus Christus sind der Maßstab für die Eheschließung des Christen. Natürlich muß gleichzeitig in Ruhe und Geduld abgewogen werden, ob man auch in anderer Hinsicht zueinander paßt.

Eine gefährliche Krankheit

Im Sommer 1853 gefiel es dem Herrn, meinen Glauben auf so harte Weise zu erproben, wie ich es noch nie erlebt hatte. Meine geliebte Tochter, unser einziges Kind, die seit sieben Jahren gläubig war, wurde am 20. Juni krank. Zuerst hatte sie nur Fieber, doch bald schon stellte sich die Krankheit als Typhus heraus. Am 3. Juli steckte meine Tochter in einer schweren Krise; es schien keine Rettung mehr zu geben.

Eltern wissen, was das einzige Kind bedeutet und wie groß die Freude gläubiger Eltern ist über ein Kind, das den Weg zu Gott gefunden hat. Durch die Krankheit unserer Tochter stellte uns Gott die Frage, ob wir bereit seien, dieses Kind herzugeben, wenn es seinem Willen entspräche. Bei dieser Frage wurde uns das Herz schwer, doch im Vertrauen auf den Herrn und durch seine Gnade konnten wir uns gänzlich seinem Willen unterwerfen. Er gab uns die Bereitschaft, das Kind, das ein Geschenk von ihm war, zurückzugeben. Als Gott die Aufrichtigkeit unseres Verzichts sah, beließ er uns das Kind. Nach dem 20. Juli begann die Genesung, und vier Wochen später konnte unsere Tochter nach Clevedon zur Kur fahren.

Zu Gottes Ehre muß ich sagen, daß es uns nur durch seine überfließende Gnade möglich war, seinen Willen zu akzeptieren. Voll Vertrauen auf die Richtigkeit seines Handelns haben wir in unserem Herzen Frieden gefunden."

DAS WORT GOTTES WIRD VERBREITET

„Schon immer war es eines meiner Herzensanliegen, das Werk des Herrn in China zu unterstützen. Am 30. September 1869 erhielt ich nach monatelangem Gebet £ 1000 für diese Arbeit. Diese Gebetserhörung sollte eine besondere Ermutigung für alle sein, die in dem Dienst am Wort des Herrn stehen. Wenn unsere Arbeit wirklich das Werk Gottes ist und wir ihm die Ehre geben, indem wir auf sein Handeln warten, dann wird er auch zu der von ihm bestimmten Zeit die Hilfe senden."

Wie sehr die Mission in China unter dem Segen Gottes steht, das können wir einem Bericht entnehmen, den Hudson Taylor im Juli 1897 über die Situation Ende der 60er Jahre für die Monatszeitschrift „China's Millions" schrieb:

„Um Mitarbeiter für die Mission zu bekommen, hielten wir uns an den Auftrag des Meisters, den Herrn der Ernte um sie zu bitten. Wie um die ersten fünf Brüder, die die Mission gegründet hatten, so beteten wir auch um alle anderen Mitarbeiter, insgesamt hundert in einem Jahr. Immer verließen wir uns auf das Wort des

Herrn, der uns aufgefordert hat, um Erntearbeiter zu bitten. Ist es möglich, daß auf irgendeine andere Art und Weise so viele Geschwister aus verschiedenen Ländern und aus verschiedenen Konfessionen zusammenfinden, um gemeinsam für den Herrn zu arbeiten? Wohl kaum. Der Herr ist es, der uns gerufen hat und der durch seine Liebe dieses Werk fortführt."

Im Jahre 1875, im Alter von 70 Jahren, begann George Mueller, ausgedehnte Missionsreisen in 42 Länder der Erde zu unternehmen. Er schreibt dazu in einem Bericht:

„Am 8. August 1882 begannen wir unsere neunte Missionsreise. Sie führte uns über einige englische Städte, über Calais und Brüssel bis nach Düsseldorf. Dort hatte ich schon vor sechs Jahren gepredigt. Während des ersten Besuches in dieser Stadt kam ein gottesfürchtiger Stadtmissionar zu mir, um von einer großen Anfechtung, in der er sich befand, zu berichten. Er erzählte mir, daß er sechs Söhne habe, von denen sich aber keiner, trotz seiner vielen Gebete, für das Seelenheil interessierte. Ich hatte ihm daraufhin geraten, mit den Gebeten fortzufahren und fest mit einer Gebetserhörung zu rechnen. In diesem Jahr nun kam der Mann wieder zu mir, um zu berichten, daß er meinen Rat befolgt habe und daß sich schon zwei Monate nach unserem Gespräch innerhalb kurzer Zeit fünf der Söhne bekehrt hätten. Auch der letzte hätte nun angefangen, sich um sein Seelenheil zu sorgen.

Ich will auch erwähnen, daß es schon vor dem Beginn meiner Missionsreisen das besondere Anliegen unserer Bristoler Gemeinde war, den Herrn zu bitten, aus unserer Mitte Brüder zu berufen, die die Botschaft vom Heil in andere Länder tragen sollten.

Nach langer Zeit und vielen Gebeten wurde ich, dem es so ein großes Anliegen gewesen war, als einer der ersten herausgerufen. Mir ist daran deutlich geworden, daß wir, wenn wir um Arbeiter für die Mission oder um Geldmittel bitten, auch bereit sein müssen, selbst zu gehen oder selbst zu spenden.

Gleichzeitig mit mir wurden noch zwei andere Ehepaare berufen und von der Gemeinde ausgesandt. Selbst ein Bruder, der schon fünfzig Jahre alt war, wurde von Gott in den Dienst gerufen. Unsere Gemeinde wurde reich gesegnet durch die Bereitschaft, Mitarbeiter in das Kornfeld Gottes zu senden. Insgesamt sind bis jetzt 60 Brüder und Schwestern in verschiedene Arbeitsgebiete in das Ausland gegangen. Einige sind schon verstorben, aber ungefähr 40 tun noch in großer Treue und vor allem im Vertrauen auf den Herrn ihren Dienst.

Die Erweckung von 1859

Um das Jahr 1859 herum gab es in Irland, Schottland, Wales und England eine großartige Erweckung, die sogar Auswirkungen auf den Kontinent hatte. Ich möchte von den Anfängen dieser Erweckung erzählen, an der ich durch Gottes Gnade auch beteiligt war. Im November 1856 bekehrte sich ein junger Ire namens James McQuilkin. Kurze Zeit später las er eines meiner Bücher und wurde besonders dadurch reich gesegnet, daß der Herr ihm zeigte, was man durch anhaltendes Gebet erreichen kann. Er begann, sich nach meinen Erfahrungen zu richten und bat darum, daß ihm Gott einen geistlichen Weggefährten geben möge. Schon bald erhörte der Herr dieses Gebet. Bis zum Herbst 1857 entstand eine kleine Gruppe von Gläubigen, die sich regelmäßig freitags in einem Schulraum zum Gebet traf. Hier erbaten sie sich Segen und Stärkung für ihre vielfältige Arbeit in der Gemeinde. Zu dieser Zeit hörten sie auch von dem großen und mächtigen Wirken des Heiligen Geistes in den USA. Sie sagten sich, daß solch ein großes Werk Gottes auch in Irland möglich sei und baten darum, daß Gott viele Menschen bekehren möge.

Im Verlauf des nächsten Jahres erhielten sie zahlreiche bemerkenswerte Antworten auf ihr Gebet. Viele Menschen wurden gläubig und dem Kreis hinzugetan. Man traf sich jetzt zu Bruderschaftsversammlungen, in denen man weiterhin betete, aber auch gemeinsam in der Schrift las und Gedanken über die gelesenen Texte austauschte.

Weihnachten 1858 fuhr ein junger Mann, der

auch zu dem Kreis der Gläubigen gehörte, in seine Heimatstadt, um einige Freunde zu besuchen. Ihnen erzählte er, was Gott getan hatte, und daß er selbst sein Seelenheil gefunden habe. Diese Freunde waren nun begierig, mehr zu erfahren, so daß auch James McQuilkin am 2. Februar 1859 in diesen Ort fuhr, um eine Versammlung abzuhalten. Einige Zuhörer spotteten über das Gesagte, einige meinten, der junge Mann hätte viele Dünkel, viele jedoch glaubten und wünschten sich eine weitere Versammlung, die auch zwei Wochen später stattfand. Und der Geist Gottes begann zu wirken. Viele bekehrten sich und wurden der Gemeinschaft der Gläubigen hinzugetan.

Viele dieser Neubekehrten wurden von Gott benutzt, die erkannte Wahrheit von einem Ort zum anderen zu tragen. Dies war der Anfang des mächtigen Wirkens des Heiligen Geistes im ganzen Land. Hunderttausende nahmen in diesem und in den folgenden Jahren den Glauben an. Und dies alles geschah, weil ein einziger junger Mann begonnen hatte, sein Leben ganz ernsthaft nach dem Willen des Herrn auszurichten. Aber die Ehre für dieses Werk gebührt nicht den Menschen, die die Fackel des geistigen Feuers weitergetragen haben, sondern allein dem allmächtigen Gott, dem Schöpfer Himmels und der Erde. Er ist es, der reichen Segen gespendet hat.

26. Mai 1860. Schon seit Beginn unserer Arbeit an den Waisen ist es unser Bestreben, mit Gottes Hilfe für das geistliche Wohl der uns anvertrauten Kinder zu arbeiten. Immer wieder richten wir deswegen unsere demütigen Bitten an den Herrn, der sie auch schon oft im Übermaß erfüllt hat.

In dem letzten Jahr geschah es zweimal, daß der Geist Gottes mächtig wirkte unter den Kindern. Zuerst im vergangenen Juli in einem Haus, in dem 120 Mädchen wohnen. Innerhalb kurzer Zeit machten sich mehr als die Hälfte dieser Kinder Gedanken um ihr Seelenheil. Und es war mehr als eine vorübergehende Erregung, denn über elf Monate später gibt es 31 Mädchen, von denen wir sicher wissen, daß sie bekehrt sind. Bei weiteren 32 haben wir Gründe für die gleiche Annahme, sind uns aber nicht völlig sicher.

Dieses gesegnete und mächtige Wirken des Heiligen Geistes ist auf keine bestimmte Ursache zurückzuführen. Jedoch war es für uns eine überaus wertvolle Gebetserhörung. Wir erkennen sie als Ermutigung an, weiter für das Heil der Kinder zu beten.

Bei der zweiten Erweckung im vergangenen Jahr begann Gott sein Wirken unter den jüngeren Kindern: bei Mädchen zwischen sechs und neun Jahren. Innerhalb von zehn Tagen wurden aber auch die anderen Mädchen und schließlich auch die Jungen angerührt. Über zweihundert Waisen machten sich Gedanken über die Rettungstat des Heilands. In vielen Fällen fanden sie sofort Frieden durch den Glauben an Jesus Christus. Sie baten sogleich darum, Gebetstreffen abhalten zu dürfen und haben diese Zusammenkünfte seitdem auch beibehalten. Viele von ihnen bemühten sich auch um die Errettung der anderen, indem sie freimütig Zeugnis gaben und ihren Kameraden und Freunden von ihrer Erlösung schrieben."

Über einen ähnlichen Vorgang im Jahr 1872 schreibt Mueller: „In der letzten Zeit erfüllte uns der geistliche Zustand der Waisen mit tiefer Trauer, da nur sehr wenige von ihnen sich Gedanken um ihre Seelen machten. Diese Trauer leitete uns, den ganzen Mitarbeiterstamm dazu aufzurufen, den Segen Gottes auf diese Kinder herabzuflehen. Gott der Herr zeigte sich gnädig und erhörte unsere Gebete. Am 8. Januar 1872 begann er sein Werk und führt es immer noch fort.

Aber zur gleichen Zeit wurde das Haus Nummer drei von einer Pockenepidemie heimgesucht. Die Errettung aus dieser Not unterstützte das Wirken des Geistes an den Kindern. Bis zum Juli bekehrten sich 729 von ihnen. Von diesen wissen wir sicher, daß sie ihr Leben an Gott übergeben haben. So groß war die Anzahl der gläubigen Waisen in unseren Häusern noch nie. Der Geist Gottes hat uns aus unserer tiefen Trauer herausgeführt zu einer großen geistlichen Freude. Dem Herrn sei Preis und Dank!"

UNSER TÄGLICH BROT GIB UNS HEUTE

„3. August 1844. Wir hatten noch 12sh. Meine Seele war gespannt, auf welche Weise uns der Herr diesmal erretten würde. Schon so oft, wenn wir in Not waren, hatte er uns geholfen. Zwischen neun und zehn Uhr morgens betete ich in meinem Haus mit drei Mitarbeitern um die nötigen Mittel. Noch während wir beteten, klopfte es an der Zimmertür. Man sagte mir, ein Herr sei gekommen, der das Waisenhaus besichtigen wollte. Als wir das Gebet beendet hatten, stellte sich heraus, daß es sich um einen lieben Bruder aus Tretbury handelte, der mir £ 1 2sh für die Waisen mitbrachte. So habe ich £ 1 14sh, die ich gleich weitergebe in der Hoffnung, daß der Herr mehr schickt.

6. August 1844: Der Tag begann, ohne das ich auch nur einen einzigen Penny zur Verfügung hatte. Auch in der Post war keine Spende. Kurz darauf wurden die Beutel der einzelnen Häuser gebracht, in die ich normalerweise das Geld für einen Tag stecke. Aber ich hatte nichts! Doch der Herr erwies sich auch heute als ein gnädiger Herr! In einem der Beutel fand ich einen Zettel,

auf dem mir eine Mitarbeiterin mitteilte, daß sie ein Geschenk erhalten habe, von dem sie einen Teil an die Waisen weitergeben wollte. Das Geld reichte für einen Tag.

4. September 1844: Nur einen Heller hatte ich am Morgen. Wir wollen einen Augenblick verweilen, lieber Leser. Denken Sie an die 140 Leute, die täglich zu versorgen waren. Ihr, arme Brüder, die Ihr sechs oder acht Kinder zu versorgen habt und nur einen geringen Lohn empfangt, stellt Euch dies vor; Ihr, liebe Brüder, die Ihr zwar nicht zur Arbeiterklasse gehört, aber nur über begrenzte Mittel verfügt, stellt es Euch vor: Der Herr legt uns schwere Prüfungen auf. Aber könnt nicht Ihr in Euren Prüfungen so handeln wie wir? Ist es Euch nicht möglich, auch Euer ganzes Vertrauen auf den Herrn zu werfen? Liebt er Euch weniger als uns? Auch wir sind seiner Gnade nicht würdig, weil wir alle ohne Ausnahme arme Sünder sind. Aber Gott der Herr hat uns zugesagt, alle seine Kinder mit der gleichen Liebe zu lieben, mit der er seinen eingeborenen Sohn liebt! Ausschließlich die Gerechtigkeit unseres Herrn Jesus Christus, die er allen, die an ihn glauben, verliehen hat, macht uns würdig, irgend etwas von unserem himmlischen Vater zu erhalten. Deshalb, lieber Leser, so wie wir uns in jeder Not nur auf den Herrn verlassen, können alle Kinder Gottes in jeder Not ihn um Hilfe anrufen.

Nun wollen wir betrachten, wie er uns am

4. September 1844 geholfen hat: Morgens erhielt ich einen Sovereign von einer lieben Schwester, die nicht genannt werden möchte. Als um zehn Uhr die Geldbeutel der einzelnen Häuser gebracht wurden, fand ich darin einen Zettel, daß £ 1 2sh mehr als gewöhnlich benötigt würden. Gerade als ich dies gelesen hatte, hielt ein Einspänner vor meinem Haus, und ein Herr aus der Gegend von Manchester wurde mir gemeldet. Er war auf einer Geschäftsreise nach Bristol gekommen und hatte bei dieser Gelegenheit von den Waisenhäusern gehört. Er drückte seine Überraschung darüber aus, daß ich ohne systematische Sammlungen und ohne jemanden persönlich um Geld zu bitten, immer ausreichend Mittel für das Werk des Herrn erhielt. Dieser Bruder, den ich nie zuvor gesehen hatte und dessen Name mir unbekannt war, gab mir zum Abschied £ 2 für die Waisen.

12. Februar 1845. Nachdem ich das Geld für die Haushaltsführung der Häuser abgeschickt hatte, waren noch 16sh übrig. Das ist ungefähr ein Viertel dessen, was täglich benötigt wird. Von neuem war ich aufgerufen, dem Herrn zu vertrauen. Am Morgen traf ich mich wie üblich mit meiner lieben Frau und ihrer Schwester zum Gebet, um den Herrn um seinen reichen Segen zu bitten. Ungefähr eine Stunde später erreichte mich ein Brief aus Devonshire, der eine Anweisung über £ 22 enthielt: £ 10 für die Waisen, £ 2 für einen armen Bruder in Bristol und £ 10 für mich.

Neben dem erneuten Beweis unseres Herrn, für die Waisen Gutes tun zu wollen und unsere Bitten zu erfüllen, war mir ferner folgendes wichtig: Seit vielen Monaten hatten mich die Nöte der armen Heiligen unter uns besonders bewegt. Die Worte unseres Herrn: 'Ihr werdet die Armen immer unter euch haben' und 'wann immer ihr wollt, könnt ihr ihnen Gutes tun', haben mich wiederholt zum Gebet für sie angeregt. Auch an diesem Tag, der der kälteste des ganzen Winters war, hatte ich mein Herz im Gebet zum Herrn erhoben und um Mittel für solche Menschen gebeten, die nicht so gut wie ich mit Kohlen und nahrhafter Speise versorgt waren.

Schon drei Stunden später hielt ich £ 10 in den Händen, die ich gleich voller Freude an Bedürftige weitergeben durfte.

1. Februar 1847. Vor dem Frühstück schlug ich bei meinem üblichen Morgenspaziergang eine Richtung ein, die ich seit Wochen nicht mehr gewählt hatte. Auf dem Rückweg begegnete mir ein Christ, den ich immer traf, wenn ich diesen Weg ging. Er hielt an und überreichte mir £ 2 für die Waisen. Nun wußte ich, warum mich der Herr wieder diesen Weg geführt hatte, denn wir haben nicht genügend Mittel, um den Hausmüttern Geld für die Haushaltsführung der nächsten Woche zu geben.

4. Februar 1847. Gestern kam keine Spende. Heute, gerade als ich mit der Fürbitte für die Waisen beginnen wollte, schickte eine Schwe-

ster im Herrn einen Sovereign, den sie erhalten hatte, 'von einem Freund, der die Kinder gesehen hat und von ihrem sauberen und ordentlichen Aussehen angetan war.' Nachdem ich dieses Geld bekommen hatte, betete ich um die Dinge des täglichen Bedarfs.

Ungefähr eine Viertelstunde nachdem ich mich von den Knien erhoben hatte, erhielt ich einen Brief mit einer Anweisung über £ 5. Der Spender schrieb, bei dem Betrag handle es sich um den Erlös für ein Stück Land, das er der Eisenbahngesellschaft verkauft hatte. Was für vielfältige Mittel benutzt doch der Herr, um uns als Antwort auf unsere Gebete Hilfe zukommen zu lassen."

Wiederholte Prüfungen

Mit der Ausweitung des Waisen-Werkes, in dem es jetzt über 330 Menschen zu versorgen galt, hielten die Glaubensprüfungen an. George Mueller schreibt dazu:

„Wenn wir früher nur unregelmäßige Einnahmen hatten, so haben wir jetzt fast keine mehr. Aber wir sind in allen Dingen, wovon die Geldsorgen oft die geringsten sind, vom Herrn abhängig und werden deshalb nicht enttäuscht werden.

7. Oktober 1852. Gestern Abend waren nur noch £ 8 vorhanden. Für gewöhnlich hatten wir in der letzten Zeit immer genügend Mittel, aber

obgleich seit dem Beginn der Ausbauphase sehr viel Mittel hereingekommen waren, überstiegen unsere Ausgaben nun die Einnahmen, da fast jede Spende, über die wir selbst entscheiden durften, in den Baufonds floß. Nun war der Kassenstand bedenklich gesunken, und ich betete darum, daß dieser kleine Betrag wüchse.

9. Oktober 1852. In meiner Morgenlesung vor dem Frühstück war Lukas 7 dran. Als ich den Bericht von dem Hauptmann und von der Erweckung des Sohnes der Witwe gelesen hatte, erhob ich mein Herz zu dem Herrn Jesus Christus und betete: 'Herr, du hast auch heute noch diese Macht. Du kannst mir die Mittel für das Werk, das du mir anvertraut hast, geben. Bitte tue es doch gleich!' Ungefähr eine halbe Stunde später erhielt ich £ 230.

Die Freude, die eine solche Antwort auf ein Gebet gibt, kann man nicht in Worte fassen. Ich war entschlossen, mich nicht selbst zu retten. Zwar waren mehrere Tausend Pfund in der Baukasse, aber von dieser Summe nahm ich nichts, weil sie für bestimmte Objekte zurückgelegt war. Auch stand seit über zwei Monaten ein Vermächtnis von über £ 100 für die Waisen aus, so daß man hätte geneigt sein können, im Hinblick auf dieses Geld, einen gewissen Betrag aus der Baukasse zu nehmen. Doch eine solche Handlungsweise wäre nicht im Sinne des Herrn gewesen.

So hat es dem Herrn gefallen, mir gerade in

dem Moment Hilfe zu senden, als ich trotz großer Not ihm gehorsam war. Meine Seele erhebt den Herrn für seine Güte.

13. Juni 1853. Wir waren sehr arm und in großer Not. Zwar hatten wir, durch des Herrn Güte, keine Schulden, aber es waren auch nur noch £ 12 in der Kasse. Wir mußten 10 Sack Mehl und auch Seife kaufen. Gleichzeitig fielen noch einige Reparaturen in den Häusern an, allein für die Überholung der Heizung hatten wir mit einem Betrag von über £ 25 zu rechnen. So brauchten wir dringend £ 100 mehr als gewöhnlich für die Deckung der zusätzlichen Ausgaben.

Nach menschlichem Ermessen hatte ich nicht einmal Aussicht, 100 Pence zu erhalten. Überdies war heute Montag, ein Tag, an dem, wie die Erfahrung uns lehrte, immer nur wenig hereinkam. Aber ich sagte Gott im Gebet, wie groß unsere Not sei, und er könne uns auch an einem Montag helfen. Und so war es auch! Am Vormittag erhielt ich £ 301 für das Werk des Herrn mit dem Hinweis, ich solle diese Summe an der Stelle einsetzen, wo sie am dringendsten gebraucht würde.

Die Freude, die mich erfüllte, kann ich nicht beschreiben. Lange ging ich in meinem Zimmer auf und ab, während Tränen der Freude und der Dankbarkeit über mein Gesicht flossen. Ich lobte und pries den Herrn für seine übergroße Güte und stellte mich ihm erneut für seinen gesegneten Dienst zur Verfügung. Kaum jemals habe ich seine Zuwendung mehr gespürt als heute.

9. November 1853. Unser Mangel ist erneut groß, sehr groß. Der Herr erprobt unseren Glauben und unsere Geduld. Am Nachmittag besuchte mich ein gläubiges Ehepaar aus Gloucestershire. Sie gaben mir insgesamt £ 11 für die Waisen, die Mission und für meine persönlichen Bedürfnisse.

So hat der Herr auch heute meinen Geist sehr erfrischt; aber ich warte auf mehr und benötige bei weitem mehr.

12. November 1853. Abends kamen, während ich um Mittel betete, £ 10, verpackt in ein Paket, von einer lieben Schwester, die ganz in der Nähe wohnt. Der Herr hat große Dinge an mir getan!

17. April 1854. Nach der fortlaufenden Lesung war für diesen Morgen Exodus 5 an der Reihe. In diesem Text wird deutlich, daß kurz vor der Befreiung aus der Knechtschaft der Ägypter die Anfechtungen für das Volk Gottes größer waren als je zuvor. Auch heute noch müssen die Kinder Gottes gerade dann die größten Prüfungen durchleben, wenn ihre Errettung nahe bevorsteht.

Aber an diesem Morgen war mit der Post kein Penny hereingekommen, obgleich wir doch so viel benötigten. Auch bis zum Abend erhielten wir keine Mittel. Als ich dann mit meiner treuen Frau gegen neun Uhr abends nach Hause ging, fanden wir dort über £ 14 vor, die uns per Postanweisung aus Norwich geschickt worden waren.

Wenig später kam ein guter Freund und brachte £ 200, die er von einer Dienerin erhalten hatte. Es waren dies die gesamten Ersparnisse, die sie in ihrem langen Leben zurückgelegt hatte! Sie hatte kürzlich eine bescheidene jährliche Rente geerbt und fühlte sich nun gedrängt, die Ersparnisse für das Werk des Herrn zu Verfügung zu stellen.

12. Juli 1854. Unsere Mittel haben sich wieder auf £ 30 reduziert, da seit dem 15. Juni nur £ 150 gespendet wurden. Heute morgen las ich in den Sprüchen und stieß dabei auf den Satz: 'Daß deine Zuversicht der Herr sein möge.' Sogleich kniete ich mich zum Gebet nieder: 'Herr, du bist tatsächlich meine Zuversicht. Dir allein vertraue ich. Aber lasse es dir gefallen, mir jetzt zu helfen, denn ich brauche dringend Mittel für die verschiedenen Zweige deiner Arbeit.'

Mit der ersten Post erhielt ich die Anweisung einer Londoner Bank über £ 100, zum Gebrauch für all die verschiedenen Aufgaben, 'wo es gerade am nötigsten ist.'

Bereit für die Ewigkeit?

Wenn ich meine Kontounterlagen durchsehe, stoße ich immer wieder auf die Namen von Spendern, die inzwischen heimgegangen sind. Bald, lieber Leser, mögen auch Sie oder ich diesen Weg gehen. Sind Sie bereit für die Ewigkeit?

Ich will Ihnen diese Frage mit allem Nachdruck stellen. Schieben Sie sie nicht zur Seite! Nichts ist in dem Leben der Menschen von größerer Bedeutung. Alle anderen Dinge, wie wichtig sie auch für sich genommen sein mögen, verblassen neben dieser Frage. Wissen Sie, wie man sich auf die Ewigkeit vorbereitet, wie man gerettet wird, wie man Vergebung der Sünden erlangt?

Die Antwort lautet: Glaube an den Herrn Jesus Christus, vertraue auf ihn, verlaß dich allein auf ihn, wenn es um die Errettung der Seele geht. Er wurde von Gott gestraft, damit wir schuldigen Sünder, wenn wir an ihn glauben, nicht dem Gericht verfallen! Er erfüllte das Gesetz Gottes und war gehorsam bis zum Tod, damit wir schuldigen Sünder seinetwegen vor Gott gerechtgesprochen würden.

Denken Sie, lieber Leser, über diese Dinge nach, falls Sie es noch nicht getan haben! Allein durch den Glauben an den Herrn Jesus Christus können wir Vergebung der Sünden erlangen und Frieden mit Gott finden. Gott wird dann zu unserem Vater, an den wir uns mit all unseren weltlichen und geistlichen Problemen wenden können. Jeder meiner Leser kann, wenn er sich Gott zuwendet, die Erfahrung der Gebetserhörungen machen, und zwar nicht nur im gleichen Maße wie ich, sondern noch weit darüber hinaus.

Sicherlich sind verhältnismäßig wenige Kinder Gottes dazu berufen, dem Herrn durch die Errichtung von Waisenhäusern oder ähnlicher

Einrichtungen zu dienen; aber alle dürfen, nein: sollen sich vollständig auf den Herrn verlassen, auf ihn vertrauen und sein Wort bei allen weltlichen und geistlichen Kümmernissen und Bedürfnissen anwenden. Probieren Sie es einmal aus, wenn Sie es noch nie getan haben, und Sie werden sehen, wie glücklich Ihr Leben werden wird.

Ich ziehe wahrlich ein Leben fast ständiger Prüfungen vor, wenn ich nur alle meine Sorgen an meinen himmlischen Vater abgeben kann. Dadurch lebe ich nicht ruhig und friedlich, aber ich erhalte ständig Beweise seiner Liebe, seiner Treue, seiner Weisheit und seiner Kraft.

Gott hilft

6. September 1854. Erhielt heute £ 50, zur Hälfte für die Mission und zur Hälfte für den Bereich, in dem ich sie gerade brauchte. Diesen Teil nahm ich zur Unterstützung der Waisen. Seit dem 26. August sind wir Tag für Tag vor den Herrn getreten, um ihn um die Linderung unserer Not zu bitten. Wie köstlich hat er uns erhört, gerade auch in bezug auf die Missionare, für deren Belange ich schon lange kein Geld mehr zur Verfügung hatte.

Trotz der vielfältigen Probleme, die wir immer wieder hatten, gab es nicht eine einzige Mahlzeit, in der die Waisen nicht genügend nahrhafte Speisen erhalten hätten. Auch mangelte es nie an Kleidung für die Kinder und an Feuerung für die Heizung. Aber für die Erfüllung all der Bedürfnisse habe ich mir kein Verdienst erworben. Die Ehre gehört allein Gott, der uns beisteht und unsere Hilfe ist.

9. November 1860. Gleich zu Beginn der Woche erhielt ich mit der ersten Post £ 3 19sh. Als ich danach in der Heiligen Schrift las, stieß ich auf Jesaja 26, 4: 'Vertraue auf den Herrn, in Ewigkeit; denn in Jehova, dem Herrn, ist immerwährende Stärke.' Ich legte sofort meine Bibel zur Seite und begann zu beten: 'Herr Gott, hilf du mir, immer nur auf dich und deine Stärke zu vertrauen. Laß es dir gefallen, mir heute noch Mittel zu senden, damit wir genug für die ganze Woche haben!'

Noch an demselben Tag erhielt ich £ 10 aus Surbiton, £ 5 von einem Spender, der sich in Clifton aufhielt und £ 2 von einem Spender aus Bristol. Bis heute kamen in dieser Woche £ 457 zusammen. So bewies Gott erneut, daß in ihm Stärke ist und er unser Vertrauen verdient!

26. Mai 1861. Gegen Ende des letzten Rechnungsjahres, das gerade beendet wurde, habe ich errechnet, daß wir £ 24700 16sh 4d ausgegeben haben. Das bedeutet eine durchschnittliche tägliche Ausgabe von über £ 67. Für das kommende Jahr erwarte ich noch beträchtlich gestiegene Ausgaben. Aber Gott, der mir in so vielen Jahren geholfen hat, wird auch in Zukunft helfen. Davon bin ich überzeugt.

Sehen Sie, geschätzter Leser, wie der Herr in seiner treuen Hilfe und Liebe Jahr für Jahr uns nach unseren Bedürfnissen und Nöten unterstützt hat. Mit jedem Jahr stiegen unsere Ausgaben, weil wir mehr Waisen zu versorgen hatten und weil sich das Werk insgesamt ausdehnte. Aber nicht ein einziges Mal wurden wir im Stich gelassen. Und er wird es auch weiterhin nicht tun, wenn wir unser Vertrauen nur auf ihn setzen und nicht bewußt in Sünde leben.

Sollten wir trotzdem einmal ihn, die Quelle allen lebendigen Wassers, verlassen und uns selbst Zisternen graben, die doch nicht das Wasser halten können, dann werden wir ihn vergeblich anrufen. Bis jetzt konnte ich durch Gottes Gnade beständig auf ihn allein vertrauen und trotz allen Versagens meinen Weg mit ihm gehen.

21. Oktober 1868. Seit einigen Jahren sind unsere Ausgaben an jedem Tag größer als £ 100. Und dennoch hilft uns Gott, wie er es von Anfang getan hat. Seit vierzig Jahren arbeite ich an diesem Werk und darf immer wieder die reichlichen Segnungen unseres Herrn empfangen. Viele unserer Spender sind inzwischen verstorben oder geben anderen Einrichtungen, aber der Herr legt immer neuen Menschen unsere Not aufs Herz, so daß wir keinen Mangel leiden müssen. Ach wenn doch alle Menschen in dieser Abhängigkeit von Gott leben würden!

28. Juli 1874. Seit Monaten erscheint es mir,

als wolle der Herr uns zu dem Zustand zurückführen, in dem wir uns zehn Jahre lang zwischen August 1838 und April 1849 befunden haben. Damals mußten wir uns täglich wegen jeder einzelnen Mahlzeit an den Herrn wenden. Unsere Not war immer sehr groß, aber der Herr gab uns regelmäßig ausreichende Mittel. Nun führte uns der Herr wieder in die gleiche Abhängigkeit zurück. Mir erscheint die heutige Situation ungleich schwieriger, da doch über 2100 Menschen zu versorgen sind. Außerdem unterstützen wir regelmäßig 189 Missionare und tragen die Ausgaben von fast 100 Schulen, in denen über 9000 Kinder unterrichtet werden. Nicht zu vergessen sind auch die Ausgaben für über 4 Millionen Traktate und tausender Bibeln, die wir jährlich verschicken. Für all diese Werke wird täglich sehr viel Geld benötigt.

Doch ich bin sicher, und das ist mein Trost, daß auch Gott um unsere Not weiß. Er hat dieses Werk durch mich entstehen lassen. Er hat es jährlich wachsen lassen, er hat diese Arbeit vierzig Jahre lang getragen. Es ist nicht seine Absicht, dieses Werk zugrunde gehen zu lassen. Ich gebe die Verantwortung vollständig an den Herrn ab und hoffe auf seine Rettung.

Wenn es ihm gefällt in bezug auf die Waisenhäuser, die inzwischen einen jährlichen Etat von über £ 44000 haben, so zu handeln, wie in der Anfangszeit des Werkes, dann bin ich dazu bereit. Ich will gerne alle Glaubensprüfungen nochmals auf mich nehmen, damit er verherrlicht wird und die Welt, aber auch die Kirche ein Zeugnis seiner Macht und Größe erhält.

So schrieb ich gestern abend in mein Tagebuch. Inzwischen bekam ich einen Brief von einem Missionar, den wir jahrelang unterstützt hatten, in dem er uns £ 143 schickte und dazu schrieb, er wolle dieses Geld der Außenmission zur Verfügung stellen. Soviel ich weiß, hatte er es auf Grund einer Erbschaft erhalten.

Heute kam noch mehr Geld herein, so daß wir insgesamt £ 217 erhalten haben. Am Nachmittag traf ich mich mit Mitarbeitern zum Gebet. Wir dankten für das eingegangene Geld, baten gleichzeitig aber um mehr. Außerdem baten wir um Regen in dieser trockenen Zeit, um die Gesundheit der Mitarbeiter und um Segen für alle Zweige unserer Arbeit. Als unsere Gebetsversammlung beendet war, wurde mir ein Brief aus Schottland ausgehändigt, in dem sich £ 73 17sh und ein Scheck über 13 sh befanden. Dies war Gottes prompte Antwort auf unser Gebet.

5. August 1874. Das Einkommen der Woche seit dem 5. August betrug £ 897 15sh.

6. September 1874. Gleich nachdem ich um die Auszahlung von Erbschaften, die wir erhalten sollten, gebeten hatte, wurde mir eine Anweisung über £ 1800 überbracht.

23. September 1874. Die Einkünfte betrugen heute £ 5365, wovon allein über £ 5000 von einer einzigen Spende gedeckt wurden.

27. März 1881. Heute ist fast kein Geld mehr in der Kasse. Lieber Leser, was sollte ich jetzt tun? Nichts anderes als das, was wir seit 47 Jahren immer getan haben: Mein Vertrauen auf Gott werfen und ihn um Hilfe anflehen!

Meine Mitarbeiter in Bristol sowie meine Frau und ich in Amerika wollen dies tun. Auf unserer Reise haben wir nicht nur wie üblich besondere Zeiten für unsere Gebete, sondern wir werfen uns vier- bis sechsmal täglich vor unserem Gott auf die Knie, um unsere Herzen auszuschütten und unsere Sorgen ihm zu bringen. Und wir sind uns seiner Hilfe völlig gewiß.

Sicherlich wird unser Verhalten von einigen verachtet, von anderen verspottet, wieder andere werden es als unzulänglich ansehen. Aber wir haben in jeder Prüfung und Schwierigkeit erfahren, daß Gebet und Glaube unsere Allheilmittel sind. Nachdem wir ein halbes Jahrhundert ihre Wirksamkeit erfahren durften, wollen wir auch in dieser schwierigen Situation auf Gott warten. Er wird einer nichtgläubigen Welt und einer zweifelnden Kirche einen Beweis seiner lebendigen Gegenwart geben! In Psalm 9,11 steht: 'Die, die deinen Namen kennen, werden ihr Vertrauen in dich setzen.' Wir kennen ihn dank seiner Gnade, und wir vertrauen ihm.

27. April 1881. Gott hat uns einen weiteren Monat lang bewahrt! Immer wieder hatten wir

ausreichend Mittel zur Verfügung, um all die Aufgaben des Werkes weiterzuführen. Über £ 1000 haben wir in diesem Monat verbraucht, aber es sind noch über £ 23 übrig.

29. April 1881. Ein Diener Jesu Christi, der gewillt war, sich einen Schatz im Himmel zu sammeln, gab uns £ 500 einer Erbschaft, die £ 532 betrug.

28. Juli 1881. Seit einiger Zeit werden die Ausgaben der Gesellschaft nur noch zu einem Drittel durch Einnahmen gedeckt. Da auch alle verfügbaren Reserven für die Waisenhäuser aufgebraucht sind, haben wir nichts mehr. Es sieht so aus, als ob das Werk nicht mehr weitergeführt werden kann.

Aber ich glaube weiterhin daran, daß der Herr helfen wird, und zwar sowohl mit Mitteln für die Waisen als auch mit Mitteln für die anderen Zweige der Gesellschaft. Mit seiner Hilfe werden wir nicht zugrunde gehen."

Tatsächlich ließ der Herr das Werk nicht zugrunde gehen: Zwanzig Jahre später, im Mai 1902, also lange nach George Muellers Tod, konnte festgestellt werden, daß seit 1881 über £ 500.000 eingenommen und ausgegeben werden konnten.

George Muellers Heimgang

Am Abend des 9. März 1898 nahm George Mueller wie üblich an der Gebetsversammlung teil. Zur gleichen Zeit wie immer zog er sich zurück und tat in der Frühe des nächsten Tages seinen letzten Atemzug. Er starb in der Erkenntnis und mit der festen Überzeugung, es sei weitaus besser, bei seinem Herrn als auf dieser Welt zu sein.

14. März 1898. An diesem Tag wurden George Muellers sterbliche Überreste auf dem Vale-Friedhof neben den Gräbern seiner ersten und seiner zweiten Frau beigesetzt. Sicherlich sind gerade für einen Christen die Begleitumstände dieser Beerdigung sehr interessant, verdeutlichen sie doch Gottes ewiges Prinzip: „Die mich ehren, die will ich ehren." Dem Mann, der in seinem ganzen Leben nie nach menschlicher Anerkennung gestrebt hatte, diesem Mann wurde aus allen Gesellschaftsschichten freudiger Respekt erwiesen.

Die Massen der teilnahmsvollen Zuschauer, die die Straßen säumten, das Ruhen des Verkehrs, das gedämpfte Läuten der Glocken, die auf halbmast gesetzten Fahnen, all diese Dinge erweckten den Anschein, als ob sich die ganze Stadt spontan dazu entschlossen hätte, den Mann zu ehren, der immer nur die Ehre seines Herrn gesucht hatte.

ANHANG

Nach Meinung von George Mueller ist für einen aufrichtigen, gläubigen Christen fast nichts so wichtig wie das sorgfältige und beständige Lesen im Wort Gottes. Er schreibt selbst dazu:

„Nachdem ich zu meinem Herrn gefunden hatte, bin ich in eine Falle geraten, in die viele junge Christen geraten: ich habe angefangen, lieber religiöse Bücher anstatt der Heiligen Schrift zu lesen. Zwar las ich nicht mehr wie früher deutsche oder französische Romane, ich ersetzte diese Lektüre aber auch nicht durch das beste aller Bücher. Ich las Traktate, Predigten und Biographien gottgefälliger Menschen. Letztere Bücher gaben mir mehr als andere. Sie hätten auch viel Gutes bewirken können, wenn sie mich auf das Studium der Schrift hingewiesen hätten.

Aber ich war es nicht gewohnt, Gottes Wort zu lesen. Nur in der Schule wurden wir angehalten, einige Kapitel näher zu betrachten. Danach legte ich die Bibel gänzlich zur Seite, bis es Gott gefiel, das Werk seiner Gnade an mir zu beginnen.

Schon nach kurzer Zeit erkannte ich, geführt durch seine Gnade, wie wichtig es ist, jeden Tag in der Bibel zu lesen. Gott selbst hat sie durch Männer seines Vertrauens schreiben lassen. Dieses Buch enthält alles, was die Menschen wissen müssen und was sie zu wahrer Freude leiten kann. Deswegen forderte mich Gott immer wieder auf, sein Buch in aller Sorgfalt, mit viel Gebet und Nachdenken jeden Tag zu studieren.

Aber ich ließ mich doch von meinem Vorhaben und seinem Willen abbringen. Obwohl ich wußte, wie wichtig ein regelmäßiges Bibelstudium ist, verleiteten mich die Schwierigkeiten, die Schrift zu verstehen, dazu, mich nicht mehr um das Wort Gottes zu kümmern.

Und so bevorzugte ich in den ersten Jahren meines Weges mit Gott Werke von nicht inspirierten Menschen. Ich drängte die Weisheit des lebendigen Gottes zur Seite! So blieb ich im Wissen um die heiligen Dinge ein Baby.

Alles wahre Wissen wird durch den Geist aus der Schrift heraus vermittelt. Da ich aber das Lesen der Schrift vernachlässigte, wußte ich vier Jahre lang nichts von den grundlegenden Wahrheiten unseres Glaubens. Dieser Mangel an Wissen verhinderte leider auch, daß ich fest auf den Wegen Gottes wandelte.

Die Wahrheit macht uns frei von der Sklaverei der Fleischeslust, von der Lust unserer Augen und von unserem Stolz. Das Wort Gottes beweist diese Tatsache, das Leben der Heiligen beweist sie, und auch mein Leben ist ein Beweis dafür! Seit es dem Herrn gefiel, mich im August des Jahres 1829 wirklich für sein Werk zu interessieren, haben sich mein Leben und mein Weg sehr stark verändert. Obwohl ich seitdem auch nicht alles erreicht habe, was ich hätte erreichen können und sollen, so konnte ich doch in eine viel engere Beziehung zu meinem Herrn treten.

Wenn dies ein Gläubiger liest, der andere Schriften menschlichen Ursprungs der Bibel vorzieht, der sei durch meinen Irrweg gewarnt. Meine Abneigung davor, die unübersehbare Anzahl von Büchern noch zu vergrößern, hätte mich davon abgehalten, diese Seiten zu schreiben, hätte ich nicht die Hoffnung, mit Gottes Hilfe meinen armen Brüdern ein Beispiel zu geben und sie aus meinen Fehlern lernen zu lassen. Auch bin ich sicher, daß mein Gebet erhört wird, die Leser mögen nach der Lektüre meines Buches die Heilige Schrift höher achten und sie zur Richtschnur ihres Handelns machen.

Wenn jemand mich fragt, wie man die Schrift lesen solle, so antworte ich ihm:

1. Zuallererst sollte sich jeder Bibelleser darüber klar werden, daß allein Gott durch seinen Geist ihn lehren kann. Deswegen ist es wichtig, schon vor dem Bibelstudium um Gottes Segen zu bitten.

2. Der Heilige Geist ist der einzig nötige und auch beste Lehrer. Trotzdem sollte sich jeder Leser immer wieder vor Augen halten, daß der

Geist Gottes nicht auf unseren Wunsch hin sofort etwas erklärt oder deutlich macht. Deswegen ist es immer wichtig, Gott um Erkenntnis und die Auslegung bestimmter Bibelstellen anzuflehen. Er wird uns bestimmt Erleuchtung schenken, wenn wir im Gebet geduldig auf ihn warten.

3. Zum Verständnis des Wortes Gottes ist es von ungeheurer Bedeutung, es der Reihenfolge nach zu lesen. Vielleicht ist es möglich, jeden Tag einen Abschnitt aus dem Alten und einen aus dem Neuen Testament zu lesen und jeweils dort fortzufahren, wo man am Vortag aufgehört hat. Dadurch erhält man einen guten Überblick über die Zusammenhänge der Bibel. Nur einzelne Kapitel auszuwählen macht es uns unmöglich, viel von der Schrift zu verstehen.

Außerdem birgt eine Auswahl bestimmter Abschnitte die Gefahr von Irrtümern, weil der Leser einige Punkte von Gottes Willen nicht erfährt. Da aber die Schrift in ihrer Gesamtheit Gottes ganzen Willen enthält, sollte sie auch in ihrer Gesamtheit gelesen werden.

4. Von größter Bedeutung ist das Nachdenken über das Gelesene. Sofort oder im Laufe des Tages sollte ein kleines Stück oder der gesamte Text überdacht werden. Ein kleiner Teil eines Geschichtsbuches, eines Briefes oder eines Evangeliums kann jeden Tag betrachtet werden, ohne daß man sich an ein bestimmtes Schema halten müßte.

Gelehrte Kommentare belasten nach meiner Erfahrung nur den Kopf durch allzu viele Anmerkungen. Diese Art des Wissen bläht nur auf und ist nicht beständig. Außerdem wird es oft verworfen, wenn ein anderer Kommentar eine andere Meinung vertritt. Zu allem Überfluß fällt die praktische Umsetzung sehr schwer.

Ein Wissen, das durch Gebet und Meditation entsteht, bezieht das Herz mit ein. Es macht demütig, gibt Freude, bringt uns Gott näher und kann nicht widerlegt werden. Wenn es in das Herz gedrungen ist, kann es auch in die Praxis umgesetzt werden."

George Mueller hat immer danach getrachtet, aus der Schrift heraus Gottes Willen zu erkennen. Wie dieser Weg zur Erkenntnis praktisch aussah, soll an einem letzten Beispiel gezeigt werden. Um das Jahr 1850 überlegte Mueller, ob das Waisenwerk vergrößert werden solle, damit eintausend statt dreihundert Waisen aufgenommen werden könnten. Er schreibt:

„11. Dezember 1850. Mein besonderes Gebet ist es, den Willen Gottes wegen der Erweiterung des Werkes zu erfahren. Ich bin sicher, er wird mir zu seiner Zeit meinen Pfad erleuchten.

26. Dezember. Fünfzehn Tage ist es her, seit ich den obigen Absatz geschrieben habe. Seitdem ist kein Tag vergangen, an dem ich nicht mein Problem mehrfach vor Gott gebracht habe. Aber es geschieht ohne eine Spur von Erregung. Ich rede mit keinem Mitarbeiter über meinen

Plan; noch nicht einmal meine Frau weiß davon. Mit Gott allein will ich über diese Sache sprechen, kein äußerer Einfluß und keine oberflächliche Begeisterung sollen mich davon abhalten, seinen Willen zu erkennen. Ich habe die völlige und beruhigende Sicherheit, daß er ihn mir deutlich zeigen wird.

Heute hatte ich wieder eine besonders ernsthafte Gebetszeit. Während ich den Herrn weiterhin anflehe, wird es mir immer mehr zur Gewißheit, daß ich den Plan in Angriff nehmen soll.

Dies wird jedoch einer der folgenschwersten Schritte sein, den ich je getan habe! Deswegen kann ich nicht mit genug Umsicht, Gebet und Behutsamkeit vorgehen. Aber ich habe auch keine Eile. Wenn es seinem Willen entspräche, könnte ich über Jahre hinweg warten, bevor ich einen einzigen Schritt in diese Richtung ginge oder auch nur mit meinen Mitarbeitern darüber sprechen würde. Auf der anderen Seite würde ich noch heute beginnen, entspräche es dem Willen Gottes.

Dieser Seelenfriede, der von der Befreiung von dem eigenen Willen herrührt, und das Bemühen um Gottes und nicht um meine Ehre geben mir die Gewißheit, daß mein Herz nicht fleischlichem Drängen folgt. Ich muß aber auch hinzufügen, daß ich mich nach dem Vorrecht sehne, mehr für den Herrn arbeiten zu dürfen.

In den Jahren meiner Jugend habe ich dem

Satan viel gedient. Jetzt will ich noch mehr dem Herrn dienen. Inzwischen bin ich über fünfundvierzig Jahre alt, und jeder Tag, der vergeht, verkürzt die Möglichkeit, dem Herrn dienen zu können. Dabei sind noch so viele Waisen zu versorgen.

Nichts wünsche ich mehr, als daß überdeutlich wird, daß Gott noch Gebete erhört und hilft, sichtbar zu machen, daß er der lebendige Gott ist, der er immer war und immer sein wird. Diese Überlegung ist mir am wichtigsten. Die Ehre Gottes ist der Beweggrund meines Planes. Deswegen würde ich auch ohne Zögern den Plan sofort aufgeben, würde solches Handeln seinen Ruhm vermehren.

2. Januar 1851. Auch in der letzten Woche habe ich Tag für Tag um die Führung des Herrn gebeten. Durch seine Gnade habe ich die beruhigende Gewißheit, daß er den Weg meines Dienstes weiterhin bestimmen wird.

Ich habe viel Freude daran, das Werk zu vergrößern. Diese geistliche Freude ist ein wichtiger Punkt bei meiner Entscheidung. Nach den vielen Gebeten in den letzten Wochen habe ich gerade durch die Freude die Gewißheit erhalten, mit dem Plan fortzufahren. Hätte dies der Herr nicht beabsichtigt, so hätte er mir bestimmt Gründe, die gegen eine Ausweitung des Werkes sprechen, aufgezeigt.

So komme ich nach Erwägung aller Umstände zu dem Schluß, daß es Gottes Willen entspricht, daß sein unwürdiger Knecht ihm weiterhin mit der Betreuung der Waisen dienen soll.

24. Mai 1851. In den letzten sechs Monaten, in denen ich über den Plan der Erweiterung der Waisenhäuser bete und nachdenke, wurden 92 Waisenkinder angemeldet. Schon vorher standen 78 dieser verlassenen Geschöpfe Gottes auf unserer Warteliste. Die Zahl der Interessenten steigt sprunghaft in dem Maße an, wie unser Werk bekannt wird.

Dies ist ein Grund mehr, den mir übertragenen Dienst anzunehmen und zu versuchen, ein Waisenhaus für siebenhundert weitere Kinder zu bauen."

Bedingungen für das siegreiche Gebet

1. Völlige Abhängigkeit von der Fürsprache des Herrn Jesus Christus beim Vater. Dies ist der einzige Grund dafür, daß wir Segen erwarten dürfen.

2. Trennung von allen bekannten Sünden. Wenn wir Frevel in unserem Herzen haben, wird der Herr uns nicht erhören, da dies einer Billigung der Sünde gleichkäme.

3. Vertrauen auf dic Verheißungen des Herrn. Mißtrauen hieße, ihn zum Lügner zu stempeln.

4. Bitten um Erkenntnis seines Willens. Unsere Motive müssen von Gott bestimmt werden. Wir dürfen kein Geschenk von Gott erwarten, das seinem Willen entgegensteht.

5. Beharrliches Bleiben in der Fürbitte. Wir sollen auf Gott warten, wie auch der Bauer mit Geduld auf die Zeit der Ernte wartet.

Schatztruhe des Glaubens

Charles M. Sheldon
IN SEINEN FUSSTAPFEN

Ein arbeitsloser Drucker, der an einem Sonntagmorgen im Gottesdienst einer festgefügten Gemeinde Nordamerikas auftaucht, löst Verwirrung aus. Die Christen werden durch ihn vor die Frage gestellt, wie glaubwürdig ihr Leben eigentlich ist. Eine Anzahl Gemeindeglieder lassen sich mit dem Pastor auf ein Experiment ein: Ein Jahr lang wollen sie sich bei jeder Entscheidung fragen, wie wohl Jesus in ihrer Situation handeln würde.
Schwierigkeiten bleiben natürlich nicht aus, Geschäftsleute müssen Verluste hinnehmen, viele werden wegen ihres Engagements unter den Asozialen der Stadt schief angesehen... Aber Einsatz und Risiko lohnen sich. Gott bekennt sich zu denen, die ihm ernsthaft nachfolgen wollen.
Charles Monroe Sheldon (1857-1946) veröffentlichte „In seinen Fußstapfen" gegen Ende des 19. Jahrhunderts. Die Botschaft des Buches ist jedoch heute noch genauso aktuell wie damals. Über 30 Millionen Exemplare dieses Buches wurden seit der ersten Auflage verkauft – ein überwältigender Beweis für die tiefgreifenden Folgen, die der ungewöhnliche Aufruf eines Pastors, den christlichen Glauben durch die Tat zu bezeugen, nach sich zog.

Best.-Nr. 15 654

Schatztruhe des Glaubens

John Bunyan
ÜBERSTRÖMENDE GNADE

John Bunyan war Prediger und Schriftsteller im England des 17. Jahrhunderts. Zwischen 1660 und 1672 verbüßte er eine Gefängnisstrafe, weil er ohne Lizenz gepredigt hatte. Während dieser Zeit schrieb er neun Bücher. 1675 wurde er für kurze Zeit erneut inhaftiert. Damals verfaßte er die klassische „Pilgerreise". Nach seiner Entlassung predigte und schrieb er weiter bis zu seinem Tod im Jahre 1678.
In dieser geistlichen Autobiographie schildert Bunyan vornehmlich die Stufen seines Glaubensprozesses: erste Kämpfe, Auflehnung gegen Gott, erschütterndes Sündenbewußtsein, Erleuchtung durch die Bibel und den Ruf zum Dienst. Es ist der große Bericht eines unbezwingbaren Glaubens, der in der Welt einen tiefen Eindruck hinterließ.

Best.-Nr. 15 653

Johannes Mathewes
GOLD, SILBER, EDLE STEINE

In der christlichen Literatur und in den Aussagen großer Männer und Frauen des Glaubens finden sich viele „Edelsteine", goldene und silberne „Schmuckstücke". Der Autor hat solche Buchzitate gesammelt und nach verschiedenen Stichworten geordnet.

Best.-Nr. 15 660